L'ACTION CATHOLIQUE

EN ITALIE

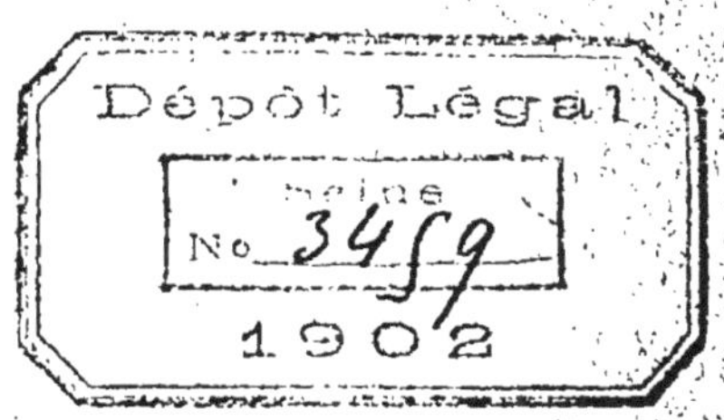

PARIS

IMPRIMERIE P. FERON-VRAU

3 ET 5, RUE BAYARD

AVERTISSEMENT

Cette brochure contient les documents pontificaux concernant l'**Action catholique** en Italie.

On sait que cette action s'exerce, dans ce pays, par l'*Œuvre des Congrès et des Comités catholiques.*

L'**Œuvre des Congrès et des Comités catholiques** constitue une organisation d'ensemble qui comprend toutes les branches de l'action catholique : *action générale, action populaire chrétienne ou démocratique chrétienne, éducation et instruction, presse, art chrétien.*

Cette organisation trouve son centre dans un **Comité général permanent** et s'étend à toute l'Italie par des **Comités régionaux, diocésains et paroissiaux** reliés entre eux, et parfaitement hiérarchisés.

A côté de ces Comités, mais sous leur direction, existent des **Sections-jeunes** ou sections de jeunesse qui sont comme les pépinières des Comités de l'œuvre.

Ce sont les règlements de cette vaste organisation que nous avons réunis.

Nous y avons ajouté en appendice : les *Avis généraux* sur l'esprit de l'œuvre, le *Programme d'action populaire ou démocratique chrétienne*, ainsi que, les *Prières et Indulgences* relatives à l'œuvre.

On trouvera, en outre, l'*Instruction de la Sacrée Congrégation des Affaires ecclésiastiques extraordinaires sur l'action populaire chrétienne ou démocratique chrétienne* en Italie et la *Lettre de S. Em. le cardinal Rampolla aux cardinaux italiens, portant communication des documents.*

Il nous a paru que la publication de ces documents pouvait être utile aux catholiques de France animés du désir de promouvoir dans notre pays l'*Action catholique* sous toutes ses formes.

L'organisation si complète et si précise des Comités d'Italie doit être pour nous un stimulant et un exemple.

STATUT DE « L'ŒUVRE DES CONGRÈS »
ET DES COMITÉS CATHOLIQUES EN ITALIE

1. L'*Œuvre des Congrès* et des Comités catholiques est constituée dans les termes consentis par les lois, dans le but de réunir les Catholiques et les Associations catholiques d'Italie dans une action commune et concordante, pour la défense des droits du Saint Siège et des intérêts religieux et sociaux des Italiens, suivant les désirs et les exhortations du Souverain Pontife et sous la direction de l'Episcopat et du Clergé.

2. Les moyens pour atteindre ce but sont :

a) L'organisation de l'Œuvre en Comités de divers degrés ;

b) Les réunions des Catholiques et des Associations catholiques.

3. Les Comités de l'Œuvre sont régionaux, diocésains et paroissiaux, selon qu'ils sont établis pour une région, pour un diocèse et pour une paroisse.

Les Comités paroissiaux sont subordonnés aux Comités diocésains, ceux-ci aux régionaux, et tous sont unis et régis par le Comité supérieur, dénommé : Comité général permanent.

4. Les Comités régionaux, diocésains et paroissiaux sont constitués dans la forme qui est déterminée dans leurs règlements respectifs.

5. Les assemblées des Catholiques et des Associations catholiques sont générales ou partielles.

Les premières s'appellent : Congrès catholiques italiens, et l'on s'y rend de tous les points de l'Italie ; les autres s'appellent : Assemblées régionales, diocésaines, interparoissiales et paroissiales de l'Œuvre des Congrès et des Comités catholiques en Italie, selon qu'elles comprennent les catholiques d'une région, d'un seul diocèse, d'un groupe de paroisses et d'une seule paroisse.

Toutes ces assemblées sont convoquées et tenues conformément aux règlements spéciaux promulgués par le Comité général permanent.

Pour pouvoir convoquer et tenir des réunions extraordinaires, il faut en demander l'autorisation spéciale à l'Autorité ecclésiastique compétente; la demande doit avoir été faite et l'autorisation accordée, avant que les journaux n'en aient donné l'avis; pour les assemblées ordinaires, elles sont autorisées généralement, ipso facto, en vertu de la constitution régulière des divers Comités.

Dans ces réunions, l'on ne pourra faire de propositions, de vœux, ni de conclusions, pas même en forme de prières aux Evêques au sujet de la marche des Séminaires, des études ecclésiastiques ou d'autres points de discipline ecclésiastique, ces questions étant de la compétence exclusive des Ordinaires.

6. Peuvent être membres de l'Œuvre et des Comités tous les catholiques connus pour leur fidélité et leur dévouement à la cause de la Religion et du Saint Siège et pour l'accomplissement exact de ces pratiques religieuses qui distinguent et confirment chacun des membres dans l'amour de l'Eglise de Jésus-Christ, et qui maintiennent l'esprit religieux et social de l'Œuvre même.

Bien que, de sa nature, l'Œuvre soit laïque, les ecclésiastiques peuvent appartenir à n'importe quelle classe de membres; toutefois, la prudence exige que, sauf les cas de nécessité ou d'utilité très spéciale, ils n'assument pas la présidence effective des Comités ni des Groupes.

7. Les membres de l'Œuvre et des Comités se divisent en cinq classes : *Actifs, Agrégés, Adhérents, Participants et Honoraires.*

Les *Actifs* et les *Agrégés* prennent une part directe à l'action de l'Œuvre dans les divers Comités.

Les *Adhérents* et les *Participants*, acceptant le but de l'Œuvre, soutiennent, par des cotisations déterminées par les règlements, les premiers, le Comité général; les autres, les Comités diocésains et paroissiaux : dans ces deux catégories, rentrent aussi les femmes.

Les membres *Honoraires* sont des personnes constituées en dignité et réputées pour leurs mérites personnels, qui entourent l'Œuvre de leur faveur et de leur bienveillance.

8. Tous les membres ont droit de participer aux **Congrès catholiques** et aux **Réunions régionales**, diocésaines, interparoissiales et paroissiales, pourvu qu'ils observent les conditions établies par les règlements respectifs.

Les membres actifs qui manqueraient aux réunions cinq fois de suite, sans motifs légitimes, sont rayés par le fait même.

9. L'action de l'Œuvre est représentée en cinq groupes :

1er GROUPE : Organisation et action générale catholique.

2e GROUPE : Action populaire chrétienne ou démocratique chrétienne.

3e GROUPE : Education et instruction.

4e GROUPE : La presse.

5e GROUPE : L'art chrétien.

Les groupes se divisent en plusieurs sections, selon la multiplicité de l'objet de chaque groupe.

10. L'action de l'*Œuvre* ne sortira jamais des voies légales.

11. L'*Œuvre* est consacrée au Cœur Sacré de Jésus et à l'Immaculée. Les Comités, aussitôt constitués, font cette consécration et la renouvellent chaque année, en Juin et dans l'octave du 8 Décembre.

12. Le présent Statut entre en vigueur le jour de l'Immaculée 1901. Il ne pourra subir aucune modification sinon de la part de l'Autorité ecclésiastique suprême ou, d'accord avec elle, de la part du Comité général extraordinairement réuni.

RÈGLEMENT

DU COMITÉ GÉNÉRAL PERMANENT

1. Le Comité général permanent est le centre d'union et la tête dirigeante de l'action de tous les Comités et groupes de l'Œuvre, dont il est le représentant légitime.

I. — *Constitution.*

2. Le Comité général est formé :

a) De deux représentants par chaque Comité régional, à savoir le Président et un autre membre, tous deux élus suivant les règles fixées dans l'article 4 du règlement du Comité régional;

b) Des membres de ces œuvres catholiques adhérentes qui s'étendent à toute l'Italie, et qui ont des rapports avec le but de *l'Œuvre des Congrès;* ces membres sont élus par le Comité général, d'accord avec la direction respective des œuvres en question; ils sont admis comme membres effectifs de *l'Œuvre des Congrès;*

c) Des membres que le Comité général lui-même, sur la proposition de son Président, appelle dans son sein.

Le nombre total des membres qui composent régulièrement le Comité général ne sera pas supérieur à soixante-douze.

3. Le Comité général se renouvelle par tiers tous les deux ans; à ce moment, expire le mandat des représentants des Comités régionaux et des membres élus par le Comité général lui-même, qui y sont entrés depuis plus de quatre ans et, par suite, avant les deux derniers renouvellements. Les réélections sont admises. Les Présidents des Comités régionaux cessent de faire partie du Comité général dès lors que cesse leur charge de Présidents.

4. Le Comité général nomme, à la majorité des membres présents, deux vice-présidents ou davantage; un secrétaire général; un trésorier; les présidents des groupes; le président de la Fédération Universitaire, ce dernier sur une liste de trois membres présentée par la Présidence de la Fédération même, et formée de membres du Comité général.

Le président général est désigné par l'envoi de bulletins secrets, avec un, deux ou trois noms, adressés par chaque membre du Comité général à l'Em. cardinal-vicaire, lequel fera connaître le nom de la personne désignée. — Ces dignitaires (« Uffiziali », litt. « officiers »), à l'exception des présidents des groupes (Voir art. 14), restent en charge six ans, pendant lesquels ils ne sont pas soumis à la vacance biennale.

5. Le Président général convoque et dirige les réunions ordinaires du Comité et les réunions extraordinaires qu'il juge opportunes, dans la forme fixée au § V. (Réunions du Comité général.)

Il veille à la réalisation des décisions prises par le Comité, signe, avec le Secrétaire, les actes du Comité même et de l'Œuvre et les mandats de payement pour le Trésorier.

6. En cas d'absence du Président, les Vice-Présidents, par ordre d'ancienneté, en ont toutes les attributions.

7. Le Secrétaire rédige les procès-verbaux des réunions ordinaires et extraordinaires du Comité, comme aussi pour n'importe quelle autre réunion fixée par le Comité et, d'une façon générale, pour tout ce qui est réglé par le Comité même.

Les Vice-Secrétaires, élus par la Présidence, aident le Secrétaire dans ses fonctions et le remplacent en son absence.

8. Le Trésorier recueille, avec l'aide du Secrétaire, toutes les cotisations qui sont dues, à un titre quelconque, au Comité général et à l'Œuvre, et les dons qui seraient faits spontanément.

Il garde la caisse du Comité, paye les mandats de la Présidence, et tient un compte exact des recettes et des dépenses, de manière à en pouvoir présenter le relevé à chaque réunion ordinaire du Comité lui-même.

Sont aussi confiés à sa garde les objets appartenant au Comité.

9. Le Comité général permanent fixe son siège dans la localité où il le juge opportun ; il décide des changements qui pourraient se faire sur ce point dans une réunion extraordinaire spéciale.

II. — *Office de la Présidence et du Comité général.*

10. Le Président général, les Vice-Présidents, le Secrétaire général, les Présidents des groupes et le Président de la Fédération Universitaire forment l'*Office de la Présidence générale* (1), qui devra

(1) En Italie on distingue : la *Présidence*, l'*Office de la Présidence*.
La *Présidence* correspond à ce que nous appelons en France le *Bureau*.

préparer et étudier les propositions à présenter au Comité général dans les réunions plénières, ordinaires et extraordinaires. C'est à ce Comité général qu'appartient le vote de toute décision importante, sauf les cas d'urgence dans lesquels l'*Office de la Présidence* en assumera la responsabilité ; dans ces derniers cas, le Comité général sera ensuite informé, en temps convenable, de ce qui aura été fait. « L'*Office de la Présidence* » devra, en outre, administrer les revenus du Comité général.

11. L'Office de la Présidence générale se réunira autant que possible chaque mois, après convocation, signée par le Président général.

Les convocations porteront une courte indication des questions à traiter, afin que ceux qui ne peuvent se rendre en personne à la réunion donnent leur avis par écrit, s'ils le jugent opportun. Le Président, dans certains cas particuliers, pourra inviter à certaines réunions de l'Office de la Présidence les membres du Comité général dont il estimera la présence utile.

12. Quand la distance des lieux l'exige, — afin que, surtout dans les cas urgents de grave importance, le Président général, qui doit assumer la responsabilité des résolutions, soit suffisamment éclairé, — le Comité général nommera, à la requête du Président lui-même, quatre conseillers, que leur résidence mette en facile communication avec le Président.

13. Au Président général et au Secrétaire général, aidé d'un ou plusieurs Vice-Secrétaires et, suivant les nécessités, d'autres auxiliaires subordonnés (dont la nomination revient à l'Office de la Présidence générale, sur la proposition du Président général) reste confiées l'expédition de toutes les affaires courantes et ordinaires et l'exécution des décisions du Comité général et de l'Office de la Présidence générale.

III. — *Présidence des groupes.*

14. Les Présidents des Groupes sont élus par le Comité général ; leur mandat est temporaire ; conformément aux articles 3 et 4. Sauf l'échéance de leur charge, ils restent en fonction pendant trois ans et ils sont rééligibles.

L'*Office de la Présidence* comprend le bureau auquel on adjoint un certain nombre de membres. C'est ce que nous appelons en France le *Conseil*.
Pour les Comités régionaux, diocésains et paroissiaux, la *Présidence* et l'*Office de la Présidence* se confondent.

15. La division en sections de chaque Groupe et la nomination des Présidents de ces sections appartiennent à l'Office de la Présidence générale, après proposition de l'Office de la Présidence du même groupe. Ils restent, eux aussi, en fonction trois ans et ils sont rééligibles.

16. Les circulaires de caractère général et regardant toute l'*Œuvre des Congrès*, qui seront expédiées en dehors des réunions plénières ordinaires ou extraordinaires du Comité général, seront approuvées par l'Office de la Présidence générale; mais celles qui se rapportent seulement à des questions spéciales à un Groupe seront préparées et expédiées par l'Office de la Présidence du groupe après approbation de l'Office de la Présidence générale. En cas de désaccord entre les deux Présidences, l'affaire sera réservée au Comité général dans la réunion la plus prochaine de ce Comité.

17. L'Office de la Présidence des Groupes est composé des Présidents de sections et des dignitaires (« uffiziali ») choisis par les présidents du groupe et des sections. Le vote préalable des présidents des sections respectives est nécessaire pour toutes les affaires d'une certaine importance, et pour toutes celles qui doivent être présentées à l'examen ou à l'approbation du Comité général. Les affaires ordinaires restent confiées au Président du Groupe.

IV. — *Attributions et travaux.*

18. Le Comité général permanent s'applique à développer et à étendre l'*Œuvre*, à en conserver l'esprit, à en faire observer fidèlement le Statut et tous les règlements; conformément à ces règlements, il décide dans les difficultés et les doutes qui lui sont soumis quant à leur application pratique.

19. Il agrège à l'*Œuvre* les Comités diocésains, constitués avec l'approbation des Evêques, suivant les règles du Statut; et, ayant pris l'avis des Présidences des Comités diocésains respectifs, il établit les Comités régionaux dans la forme fixée par l'article 4 du règlement des Comités régionaux; il en choisit le Président, après proposition du même Comité régional, sur une liste de quatre noms. Il provoque l'adhésion des Associations catholiques à l'*Œuvre*.

Là où il ne pourra pas fonder rapidement les Comités, il nomme des *Correspondants* — après avoir pris l'avis de l'Ordinaire sur la personne susceptible d'être désignée — et il leur donne l'attribution de délégués spéciaux.

20. Il suscite les bonnes œuvres et les manifestations catholiques qu'il juge utile de voir entreprendre et provoquer par les Comités, pour la défense des droits du Saint-Siège et des intérêts religieux et sociaux des Italiens.

21. Il prépare les études pour les **Congrès catholiques**, détermine le temps et le lieu de leur convocation, en formule le programme et le règlement spécial, en a la présidence effective, y présente le rapport de ses propres travaux et pourvoit à la réalisation de leurs décisions.

22. Il suscite aussi et détermine, d'accord avec les Comités régionaux, les **Assemblées régionales**; il en approuve le programme et il s'y fait représenter.

Quand il le juge opportun, il provoque les **Assemblées diocésaines, interparoissiales et paroissiales**; et, si le désir lui en est exprimé, il s'y fait représenter.

23. Il fera visiter les Comités de l'*Œuvre* par des délégués spéciaux, afin d'y maintenir l'unité d'esprit et d'action.

24. Il pourvoit, par les soins d'une Commission spéciale, à la publication d'un *Bulletin officiel de l'Œuvre*; d'autre part, il prend soin aussi de publier dans les journaux catholiques d'Italie, ses actes les plus importants et les informations utiles à l'*Œuvre* et aux catholiques.

25. Le Comité général célèbre, chaque année, la consécration de l'*Œuvre* au Sacré Cœur de Jésus et à l'Immaculée Conception en Juin et dans l'octave du 8 Décembre.

26. Le Comité général, d'accord avec l'Autorité ecclésiastique du lieu, a la faculté de dissoudre, pour des motifs graves, tel ou tel des Comités de l'*Œuvre*.

V. — *Réunions du Comité général.*

27. Le Comité général Permanent se réunit, en assemblée plénière, au moins deux fois par an, à l'endroit qui aura été désigné dans la réunion précédente, et en assemblée plénière extraordinaire toutes les fois que l'Office de la Présidence générale le jugera opportun.

28. Les sujets à traiter dans chacune des assemblées plénières sont fixés dans la réunion précédente, ou proposés dans l'assemblée par les Présidents des Groupes d'accord avec l'Office de la Présidence générale; les membres du Comité général, qui, avant l'assemblée plénière, auraient quelque sujet spécial à proposer, devront d'abord s'entendre avec cet Office de la Présidence générale. Les délibérations des assemblées extraordinaires seront préalablement préparées par l'Office de la Présidence générale : le sentiment des Présidents de chaque Groupe y sera ainsi recueilli. Le sujet de chaque réunion extraordinaire sera communiqué à tous les membres du Comité dans l'avis qui les convoquera.

29. En certaines circonstances spéciales et au gré du Président, peuvent être invités à ces réunions extraordinaires et y avoir voix délibérative, les Présidents des Comités diocésains, ou un membre de ces Comités, expressément délégué par le Président du Comité.

30. Les délibérations sont prises, sur la proposition de la Présidence, à la pluralité des membres présents et au vote secret.

31. Les assemblées s'ouvrent par l'*Actiones* et par une invocation au Sacré Cœur de Jésus, à la Vierge Immaculée, à saint Joseph et à saint Pierre ; elles se ferment par la prière pour le Pape, avec un *Requiem* pour tous les membres défunts de l'Œuvre et l'*Agimus*. On y ajoute un *De profundis*, quand on annonce la mort d'un membre *actif* du Comité.

VI. — *Recettes et dépenses.*

32. Les recettes du Comité général permanent sont :

a) Les contributions annuelles des membres *adhérents*, chacune de 10 francs, et celles des Associations catholiques adhérentes, de 15 francs au moins ;

b) Les contributions annuelles des Comités diocésains, de 5 francs, et des Comités paroissiaux, de 1 franc par Comité ;

c) Le prix de l'admission aux CONGRÈS CATHOLIQUES, pour ceux qui ne sont pas *adhérents à l'Œuvre*, — prix déterminé chaque fois par le Comité général lui-même ;

d) Les dons extraordinaires des Comités et des catholiques.

33. Pour les dépenses ordinaires, à la fin de chaque année, un budget de prévision sera présenté, pour l'année entière, au Comité général par l'Office de la Présidence générale.

Pour les dépenses extraordinaires, la demande en sera faite chaque fois au Comité par l'Office de la Présidence générale.

34. Le Comité général examinera le relevé annuel de ses recettes et de ses dépenses, relevé préparé par l'Office de la Présidence générale.

RÈGLEMENT POUR LES GROUPES

ET POUR LES SECTIONS PERMANENTES

---

1. Aux termes de l'article 9 du Statut, l'action de l'*Œuvre des Congrès* et des Comités catholiques en Italie est répartie en cinq groupes permanents :

I. Organisation et action générale catholique;

II. Action populaire chrétienne ou démocratique chrétienne;

III. Education et instruction;

IV. Presse;

V. Art chrétien.

2. Chaque Groupe peut se subdiviser en Sections, dont chacune s'occupe d'un sujet particulier, sous la direction de la Présidence du Groupe.

3. Les Groupes et les Sections ont pour but :

a) De pourvoir à la réalisation de toutes les délibérations des Congrès du Comité général et de son Office de la Présidence, relativement aux matières qui sont de leur compétence spéciale;

b) De porter à la connaissance, soit du Comité général, soit de son Office de la Présidence et, selon les cas, des Congrès eux-mêmes, toutes les expériences pratiques pour la réalisation des décisions indiquées plus haut, les résultats obtenus et les difficultés rencontrées;

c) D'étudier les matières qui sont de leur ressort, et de formuler les propositions qui devront ensuite être soumises aux délibérations des Congrès.

4. Toutes les propositions des sections, avant d'être soumises aux décisions des Congrès, devront être approuvées par le Groupe dont chaque section relève, et celui-ci devra se conformer à ce qui est prescrit dans l'article 28 du Règlement du Comité général.

5. Font partie du Groupe :

a) Tous les membres du Comité général qui seront invités par le Président du Groupe ou qui désireraient coopérer aux travaux du Groupe lui-même;

b) D'autres personnes proposées par le Président du Groupe et approuvées par l'Office de la Présidence du Comité général. Ces personnes ne resteront en charge qu'une année.

6. Chaque Groupe aura un Président, un Secrétaire et deux Conseillers. Le Président est nommé par le Comité général ou, dans des cas extraordinaires, quand celui-ci n'est pas réuni, par l'Office de la présidence de ce Comité, — l'avis des Présidents des différentes Sections du Groupe ayant été préalablement recueilli; — le Président, ainsi nommé, restera en charge trois ans et sera rééligible.

Les autres charges sont soumises à l'élection des membres du Groupe; elles durent trois ans et leurs titulaires sont rééligibles.

Le Président du Groupe dirige les études et les travaux de son Groupe, se tient en correspondance avec les Présidents de ces Sections, les consulte chaque fois que leur avis paraît utile, les convoque pour délibérer de concert sur les intérêts généraux et communs à toutes les sections; il peut assister aux réunions tenues par ces sections et y faire des propositions.

7. Chaque Section aura un Président, un Vice-Président et un Secrétaire. Le Président sera choisi parmi les membres de la Section, et sera nommé par l'Office de la Présidence générale, sur la proposition de l'Office de la présidence du Groupe, ou d'accord avec lui.

Le Président restera en charge trois ans; les fonctions des autres dignitaires auront la même durée; Président et dignitaires sont rééligibles.

L'article 5 *b*, appliqué aux membres des sections quant à l'expiration annuelle des charges, ne regarde pas le Président et les autres dignitaires.

Le Président convoque les assemblées, dirige les délibérations; le Secrétaire classe les procès-verbaux et tient la correspondance; les procès-verbaux doivent être transcrits sur un registre spécial à conserver. Le Vice-Président représente le Président en cas d'absence ou d'empêchement.

8. Chaque Section accomplira par elle-même son propre mandat, indépendamment des autres et conformément à son but spécial.

9. Les Sections d'un même Groupe devront correspondre, par le moyen de leur Président respectif, avec le Président du Groupe, pour établir d'accord le programme commun des Congrès, dans la forme énoncée à l'article 28 du Règlement du Comité général.

10. Les séances des sections seront au moins bimensuelles, au

jour et à l'heure fixés pour toute l'année. Les délibérations n'en seront pas valides, si elles n'ont pas obtenu la majorité des voix des membres présents.

11. Aucun Président de Groupe ou de Section ne pourra publier de circulaires d'ordre général ou de principes, sans s'être mis préalablement d'accord avec le Comité général et, si celui-ci ne siège pas, avec l'Office de la Présidence de ce Comité. Il en ira de même pour les réunions publiques ou extraordinaires. Et, pour conserver intacte l'unité de l'*OEuvre*, il faudra observer avec soin l'article 16 du Règlement du Comité général.

12. L'office des Groupes et des Sections résidera où réside leur Président respectif; mais les réunions pourront se tenir ailleurs, selon les convenances des membres qui devront y assister.

13. Le Président du Comité général Permanent aura toujours le droit d'intervenir aux séances des Groupes et des Sections, et de faire mettre en discussion les propositions qu'il jugera opportunes dans l'intérêt de l'*OEuvre* : il pourra aussi s'y faire représenter. Dans ce but, il devra être informé du jour, de l'heure et du lieu de chaque séance, ainsi que des matières qui y seront traitées.

14. Les délibérations des sections seront sans délai communiquées au Président du Groupe auquel elles se rattachent, et, par celui-ci, au Président du Comité général, conformément aux articles 16 et 28 du Règlement du Comité général.

15. Les Présidents des Groupes et ceux des Sections se tiennent en communication directe avec les Comités régionaux et diocésains, ainsi qu'avec les correspondants : tous devront reconnaître en eux les délégués du Comité général Permanent et se conformer aux règles fixées dans les articles 10 et 16 du Règlement du Comité général.

16. Chaque Groupe et chaque Section aura des archives et une bibliothèque pour conserver ses actes et ses livres.

17. Chaque Groupe devra proposer à l'Office de la Présidence générale ses orateurs et ses rapporteurs pour les Congrès, sauf le droit, pour cette Présidence, de désigner encore d'autres orateurs et rapporteurs, d'accord avec les groupes respectifs.

Les rapports et propositions à présenter aux Congrès, approuvés par l'Office de la Présidence du Comité général, devront, de plus, être communiqués, un mois avant les Congrès, aux membres de chaque Section.

18. Quant aux dépenses de correspondance, de bureau, de poste, de

presse, etc., il y sera pourvu par les Groupes et par les Sections, de la manière qui sera déterminée par le Comité général. Chaque groupe et chaque section devra présenter, tous les ans, au Comité général le budget de ses dépenses prévues, comme aussi le relevé de ses recettes et de ses dépenses pour l'exercice écoulé.

19. Ces règles, toute proportion gardée, seront suivies dans les rapports des Groupes et des Sections Régionaux et Diocésains avec leurs Comités respectifs; et, dans la forme où les circonstances de lieux le permettront, elles serviront aussi pour les Groupes et les sections de Paroisses, dans leurs rapports avec le Comité paroissial.

RÈGLEMENT DES COMITÉS RÉGIONAUX

1. Le Comité régional, sous l'impulsion et la direction du Comité général Permanent, dirige le mouvement catholique laïque dans la région ; il y provoque la constitution des Comités diocésains et, par leur entremise, celle des Comités paroissiaux ; il s'attache à en aviver et à en diriger l'action.

I. — *Constitution.*

2. Le Comité régional est composé des représentants des Comités diocésains ; chacun de ces derniers délègue à cet effet deux de ses membres, son Président et un autre membre. Le Comité régional peut encore s'adjoindre d'autres membres, sur la proposition de son président, à condition que le nombre de ces membres supplémentaires ne dépasse pas le tiers de ceux qu'aura choisis le Comité diocésain. On admettra, en outre, plusieurs membres des Associations qui s'étendent à toute la région et qui ont des affinités avec l'*Œuvre des Congrès ;* ces membres seront choisis d'accord avec le Conseil dirigeant de ces Associations pour que celles-ci soient suffisamment représentées dans le Comité, dans la forme indiquée dans l'article 2 du Règlement du Comité général.

3. Le Comité régional se renouvelle par tiers tous les deux ans ; dans la vacance ainsi créée sont compris aussi bien les membres qui représentent les Comités diocésains que les membres nommés par le Comité régional : il s'agit, de part et d'autre, des membres qui font partie du Comité depuis plus de quatre ans, et qui y sont entrés, par conséquent, avant les deux derniers renouvellements. Les réélections sont admises. Les Comités diocésains devront toujours élire leurs représentants ; le Comité régional est libre de nommer ou non de nouveaux membres à la place de ceux dont le mandat est expiré et dont le choix lui appartient.

4. Le Comité régional élit pour deux ans, parmi ses membres, au vote secret et à la pluralité des suffrages exprimés, la Présidence du Comité, savoir : un ou plusieurs Vice-Présidents, un Secré-

taire et un Trésorier. La nomination du Président est réservée au Comité général, sur une liste de trois noms, si la région n'a pas plus de quinze Comités diocésains, de quatre si elle n'en a pas plus de 30, de 5 si elle a un nombre supérieur. Cette liste est présentée par le Comité régional. Ces nominations doivent être communiquées aux Evêques de la Région, au Comité général et aux Comités diocésains. Le même Comité régional présente au Comité général une liste de trois noms : Le Comité général choisira une des personnes ainsi désignées pour être membre du Comité général en même temps que le Président régional. Les deux listes dont on parle en cet article seront toujours formées suivant l'ordre alphabétique, sans indication du nombre des voix.

Le Comité régional devra avoir un assistant ecclésiastique, nommé, à chaque renouvellement de *l'Office de la Présidence de l'Œuvre*, par le Vénérable Président des Conférences Episcopales de la Région, sur la proposition du Comité régional.

5. Le Président convoque et dirige les réunions ordinaires du Comité et les extraordinaires, quand il croit utile de les provoquer.

Il veille à la réalisation des décisions du Comité, aussi bien que de ce qui lui est suggéré et recommandé par le Comité général ; dans cette vue, il se tient en correspondance avec celui-ci, avec les Comités subordonnés et les autres œuvres catholiques de la région ; il signe, de concert avec le Secrétaire, les actes de son Comité et les mandats de payement pour le Trésorier.

6. En l'absence du Président, le Vice-Président ou les Vice-Présidents, par ordre d'ancienneté, en exercent toutes les attributions.

7. Le Secrétaire rédige tous les procès-verbaux des réunions ordinaires et extraordinaires du Comité ; il tient le registre des Comités diocésains et paroissiaux de la région, et les correspondances administratives ; il signe avec le Président tous les actes du Comité.

Il envoie les invitations pour les réunions ordinaires et extraordinaires, comme aussi pour n'importe quelle autre réunion fixée par le Comité, et pour tout ce que pourrait décider le Comité.

Le Vice-Secrétaire aide le Secrétaire dans ses fonctions, il le supplée en son absence.

8. Le Trésorier recueille, avec l'aide du Secrétaire, les recettes régulières du Comité régional et les dons qui lui seraient faits.

Il garde la Caisse du Comité, paye les mandats de la Présidence et tient un compte exact des recettes et des dépenses, de manière à en pouvoir présenter le relevé à chaque séance ordinaire du Comité.

Sont confiés à ses soins les objets appartenant au Comité régional.

9. Le Comité régional peut s'associer des membres *agrégés*, afin d'augmenter ses ressources et ses moyens d'action ; il peut aussi les inviter, suivant les cas, à ses propres réunions, et leur donner voix consultative.

10. Le Siège du Comité régional est fixé par le Comité général Permanent, sur la proposition du Comité régional.

II. — *Office de la Présidence du Comité régional.*

11. « L'Office de la Présidence du Comité régional » n'est pas autrement composé que la *Présidence* même de ce Comité, comme il est déterminé à l'article 4. L'Office entier se renouvelle tous les deux ans, et tous les membres en sont rééligibles.

12. « L'Office de la Présidence » peut nommer, sur la proposition du Président, des fonctionnaires inférieurs qui sont nécessaires pour l'expédition des affaires.

13. Les réunions de « l'Office de la Présidence » ont lieu au moins tous les quinze jours et toutes les fois que le Président le juge utile.

14. L'expédition des affaires courantes et ordinaires, ainsi que l'exécution des décisions du Comité régional restent confiées au Président régional aidé de deux Conseillers élus par le Comité, du Secrétaire et des fonctionnaires subalternes nécessaires.

III. — *Attribution et Travaux.*

15. Le Comité régional provoque la fondation et l'organisation des Comités diocésains.

16. Il transmet aux Comités diocésains les communications du Comité général et, à celui-ci, celles des Comités diocésains, sauf dans les cas où des circonstances particulières rendent nécessaires des rapports plus suivis et immédiats entre le Comité général et les Comités diocésains.

Le Comité régional peut toujours, quand il le juge opportun, se mettre en communication directe avec les sous-Comités diocésains et avec les Comités paroissiaux.

17. Tous les six mois, il informe le Comité général de la marche de l'œuvre dans la région, soit pour ce qui concerne l'organisation des catholiques, soit pour la réalisation des œuvres proposées et recommandées.

Il prend soin aussi de publier dans le Bulletin de l'œuvre, et dans les journaux catholiques régionaux ou diocésains les informations ou les comptes rendus de ses propres travaux, qu'il croit opportun et utile de faire connaître.

18. Il tient une liste exacte des Comités diocésains des Paroisses et des Comités paroissiaux de la région.

19. Il étudie les conditions et les besoins de la région, et les dommages qu'y causent les principes subversifs de l'ordre de la morale, spécialement par la presse, les écoles et les associations; il s'applique à susciter les moyens de défense ou les remèdes, soit directement en fondant ou en soutenant des journaux et des écoles catholiques et d'autres bonnes institutions analogues, soit indirectement en provoquant des protestations, des pétitions, des pèlerinages et tout ce qui peut servir à empêcher le mal et à raviver le sentiment religieux au sein des populations.

20. Il stimule l'activité des Comités diocésains et aussi des Comités paroissiaux; il les excite donc à réaliser les œuvres que réclament les circonstances et les besoins spéciaux, et particulièrement les œuvres qui sont recommandées par les Congrès catholiques et par les Assemblées régionales, ou par le Comité général; il leur suggère, dans ce but, les modes pratiques d'exécution et s'applique toujours à ce qu'aucun Comité ne reste en dehors de son activité.

21. Il prépare les Assemblées régionales et, au moins un mois avant le jour fixé pour l'assemblée, il en publie et en répand le programme qui devra être bref, pratique et approuvé par le Comité général.

Ces Assemblées régionales seront tenues conformément aux règlements spéciaux promulgués par le Comité général suivant un programme préparé par le Comité régional qui se sera entendu, à ce sujet, avec le Comité général.

La Présidence active sera réservée au Président du Comité régional, à moins que le Comité général, à la requête du Comité régional, n'y mande à cet effet un représentant spécial.

22. Il charge des représentants spéciaux de visiter les Comités diocésains de la région et aussi les Comités paroissiaux, quand il le jugera opportun pour les animer et les unir toujours davantage dans l'esprit de l'Œuvre : et, quand il en est requis, il délègue un de ses membres, qui le représentera aux Assemblées diocésaines, et aussi, le cas échéant, aux Assemblées interparoissiales et aux Assemblées paroissiales de la Région.

23. Il tâche d'amener les associations catholiques existant dans la région à faire adhésion à l'œuvre, et il s'applique à grossir dans la région le nombre des membres *adhérents* directement à l'œuvre.

24. Le Comité régional se consacre, dès sa constitution, au Sacré Cœur de Jésus et à l'Immaculée et, chaque année, il renouvelle cette consécration, dans le mois de Juin et au cours de l'octave du 8 Décembre.

IV. — *Réunions du Comité Régional.*

25. Les réunions ordinaires du Comité régional se tiennent au moins tous les deux mois et, si c'est possible, tous les mois aux lieu, jour et heure indiqués dans la réunion précédente; les réunions se tiendront, dans les cas urgents, suivant les indications qui seront données par l'Office de la présidence du Comité.

26. Pour les réunions ordinaires, dont le lieu et le temps ont été préalablement déterminés, il n'est pas nécessaire d'envoyer une invitation spéciale aux membres du Comité.

Pour les réunions extraordinaires, un avis de convocation doit être expédié en temps utile à tous les membres : on y indiquera aussi les sujets qui devront y être traités.

27. Les décisions sont prises à la pluralité des suffrages exprimés et au vote secret.

La Présidence, quand elle le juge opportun, fait connaître les décisions du Comité régional, avant qu'elles ne soient promulguées, au Comité général, afin d'en connaître l'avis : elle est alors obligée, à la séance ordinaire qui suivra, d'en aviser le Comité régional et de lui faire connaître les avis qu'il aura reçus.

28. Les réunions s'ouvrent par l'*Actiones*, avec une invocation au Sacré Cœur de Jésus, à la Vierge Immaculée, à saint Joseph, à saint Pierre et au Saint protecteur du lieu où le Comité régional a son siège; elles se ferment par la prière pour le Pape, avec un *Requiem* pour les membres défunts de l'œuvre, et par l'*Agimus*. On y ajoute un *De profondis* à la nouvelle de la mort d'un membre de ce Comité régional ou du Comité général permanent.

V. — *Recettes et dépenses.*

29. Les recettes du Comité régional sont:

a) La dixième partie des recettes de tous les Comités diocésains de la région;

b) La contribution annuelle des Comités paroissiaux de la région (chacune 1 franc);

c) La quote d'admission aux ASSEMBLÉES RÉGIONALES, quote déterminée chaque fois conformément à l'article 21 de ce même règlement;

d) Les dons extraordinaires.

30. Le Comité régional est tenu à s'abonner chaque année au *Bulletin de l'Œuvre*.

31. Pour les dépenses ordinaires, la Présidence présente au Comité, à la fin de chaque année, un budget de prévision pour l'année suivante.

Pour les dépenses extraordinaires, le président en fait chaque fois la demande au Comité.

32. Le Comité régional présente au Comité général, dans le courant de janvier, un compte rendu de ses recettes et de ses dépenses durant l'exercice écoulé.

RÈGLEMENT DES COMITÉS DIOCÉSAINS

1. Le Comité diocésain est pour le diocèse ce que le Comité régional est dans la région; c'est-à-dire que, sous la direction et l'impulsion des Comités supérieurs, il est la tête et le centre de tous les Comités paroissiaux du diocèse.

I. — *Constitution.*

2. Le Comité diocésain est constitué la première fois par l'Evêque; il se renouvelle par tiers tous les deux ans. Dans la vacance ainsi créée, sont compris tous les membres qui sont entrés dans le Comité depuis plus de quatre ans, par conséquent avant les deux derniers renouvellements. Les réélections sont admises.

3. Tous les deux ans, la partie du Comité restant en fonctions élit, au scrutin secret, les sujets à proposer à l'Evêque, en nombre double de ceux dont le mandat est expiré, afin que le choix puisse se faire avec plus de liberté. On aura soin de proposer de plus quelques membres des principales œuvres diocésaines, adhérentes à l'*Œuvre des Congrès*; l'on observera, à cet effet, la règle de l'article 2 du règlement du Comité général; le Comité diocésain peut toujours combiner préalablement ses propositions avec ces œuvres, les propositions comprenant toujours un chiffre double du nombre nécessaire. L'Evêque, qui a pleine faculté de choisir entre les noms proposés, peut toujours en ajouter d'autres, s'il le juge expédient. Dans le cours des deux ans, le Comité peut s'adjoindre de nouveaux membres, pourvu qu'ils soient proposés par le président, avec l'assentiment de l'assistant ecclésiastique.

4. Le Comité diocésain, au scrutin secret et à la majorité des membres présents, élit, parmi ses propres membres, la Présidence, savoir: un vice-président, un secrétaire, un trésorier et un ou plusieurs vice-secrétaires.

Le président est nommé par le Comité Régional sur une liste de trois noms, dans l'ordre alphabétique, sans indication du nombre des voix, liste présentée par le Comité diocésain.

5. Tout Comité diocésain devra, en outre, avoir un assistant ecclésiastique, nommé par l'Ordinaire sur la proposition du Comité.

L'assistant ecclésiastique a la présidence d'honneur du Comité et, quand il le croit opportun, il pourra faire surseoir à une décision, pour en référer à l'Ordinaire.

6. Le président convoque et dirige les réunions ordinaires du Comité et les extraordinaires, quand il les juge utiles.

Il veille à la réalisation des décisions du Comité, aussi bien que de ce qui lui est suggéré et recommandé par les Comités supérieurs ; il correspond dans ce but avec le Comité général, avec le Régional et avec les Comités paroissiaux du diocèse ; il intervient dans les réunions extraordinaires générales du Comité Régional et il signe, avec le Secrétaire, les actes du Comité diocésain et les mandats de payement pour le Trésorier.

En cas d'absence du Président, le Vice-Président en a toutes les attributions.

7. Le Secrétaire rédige les procès-verbaux des réunions ordinaires et extraordinaires du Comité; il tient le registre des Comités paroissiaux du diocèse et la correspondance du bureau. Il signe avec le Président tous les actes du Comité. Il expédie les invitations pour les réunions ordinaires et extraordinaires, celles qui ont pour objet toute autre réunion décidée par le Comité et tout ce que le Comité aurait d'ailleurs décidé d'expédier.

Le Vice-Secrétaire aide le Secrétaire dans ces fonctions; il le remplace quand celui-ci est absent.

8. Le Trésorier recueille, avec l'aide du Secrétaire, les recettes normales du Comité diocésain, et les dons qui lui seraient faits.

Il garde la caisse du Comité, paye les mandats de la Présidence, et tient un compte exact des recettes et des dépenses, de manière à en présenter le relevé à toutes les réunions ordinaires.

Sont aussi confiés à sa garde tous les objets appartenant au Comité diocésain.

9. Le Comité diocésain peut s'adjoindre des membres *agrégés*, pour fortifier ses moyens d'action. Il peut les inviter, quand l'occasion s'en présentera, à ses réunions et leur donner voix consultative.

Il nomme aussi des membres *participants*, afin que ceux-ci l'aident de leurs cotisations et, dans cette catégorie, les femmes peuvent aussi être inscrites.

10. Le Comité diocésain réside, autant que possible, au chef-lieu du diocèse.

II. — *Office de la Présidence.*

11. L'Office de la Présidence du Comité diocésain est formé de la Présidence même du Comité, Présidence déterminée dans l'article 2 du présent Règlement. Tous les deux ans, les membres s'en renouvellent : ils sont d'ailleurs rééligibles.

12. L'Office de la Présidence, sur la proposition du Président, peut nommer les auxiliaires qui seront nécessaires.

13. Il se réunit au moins tous les quinze jours, et toutes les fois que le Président le juge opportun.

14. L'expédition des affaires courantes et ordinaires et l'exécution des décisions du Comité diocésain restent confiées au Président, aidé de deux conseillers élus par le Comité, du Secrétaire et des auxiliaires nécessaires.

III. — *Attributions et travaux.*

15. Le Comité diocésain excite et stimule le mouvement catholique laïque dans le Diocèse, en suscitant les Comités paroissiaux et en développant toujours davantage leur activité.

16. Dans ce but, le Comité diocésain doit s'appliquer de toutes les manières possibles à fonder dans toutes les paroisses du diocèse un Comité paroissial.

Là où l'étendue du diocèse et là où les conditions locales le requièrent, le Comité diocésain pourra établir des Sous-Comités diocésains, avec l'autorité et les attributions déléguées et subordonnées pour le territoire qui leur est assigné.

Ces Sous-Comités diocésains tiennent des réunions ordinaires, et aussi des réunions extraordinaires ; ils y invitent les Présidents des Comités paroissiaux qui dépendent d'eux, toujours d'ailleurs avec l'obligation de tenir au courant de tout le Comité diocésain et de se conformer à ses dispositions.

17. Le Comité diocésain confirme la constitution des Comités paroissiaux et les élections qui s'y font conformément à leur règlement.

18. Il transmet aux Comités paroissiaux les communications des Comités supérieurs et à ceux-ci celles des Comités paroissiaux.

Il se tient aussi en rapport avec les membres *adhérents* et avec les Associations catholiques du diocèse.

19. Tous les six mois, il rend compte au Comité régional de la marche de l'Œuvre dans le diocèse; il note les variations qui ont eu lieu dans le nombre des Comités paroissiaux; il expose les difficultés que l'on a rencontrées pour les fonder ou pour développer l'action recommandée, les moyens employés pour surmonter ces obstacles, et tout ce qu'il peut être utile d'exposer dans l'intérêt de l'Œuvre et des catholiques.

Il prend soin aussi de publier, dans le Bulletin de l'Œuvre et dans le journal catholique régional ou diocésain, les informations et les comptes rendus de ses propres travaux qu'il croit utile et opportun de faire connaître.

20. Il tient une statistique exacte des Comités paroissiaux du diocèse et de toutes les Œuvres et Associations catholiques qui y existent, ou qui y surgiraient spécialement, grâce à l'impulsion donnée par les **Congrès catholiques**, ou par les **Réunions régionales**, diocésaines, interparoissiales et paroissiales.

21. Il pourvoit aussi à établir les listes des catholiques zélés, ecclésiastiques et laïques, à proposer comme membres de l'Œuvre, suivant les règles déterminées par le Statut (Art. 6 et 7); il tâche d'obtenir leur adhésion et leur envoie les lettres de nomination, les circulaires et les imprimés émanant des Comités supérieurs.

22. Il reçoit toutes les contributions qui sont dues par les Comités paroissiaux et par les catholiques du diocèse; il en rend compte au Comité régional et, par celui-ci, au Comité général; il transmet au même Comité régional et, par celui-ci ou même directement, au Comité général, mais alors en l'avertissant, ce qui est dû à l'un et à l'autre, conformément aux règlements.

23. Le Comité diocésain stimule et dirige l'activité des Comités paroissiaux; il les maintient dans l'unité d'esprit que tous doivent conserver; il leur suggère, dans cette vue, et il les pousse à réaliser les œuvres qui conviennent le plus aux besoins et aux conditions de chaque localité; il leur indique, dans ce but, les moyens pratiques pour les réaliser.

24. Il propage la connaissance des œuvres recommandées par les Congrès catholiques et par les Assemblées tenues dans la région et dans le diocèse, ou par les Comités supérieurs; il s'efforce de réaliser celles qui seraient surtout opportunes pour le diocèse tout entier : il se fait toujours aider, dans ce but, par les Comités paroissiaux.

25. Il a soin de faire visiter par des représentants spéciaux les Sous-Comités diocésains, là où il y en a, et les Comités paroissiaux du diocèse, pour stimuler leur activité et pour la maintenir toujours en pleine conformité avec le but de l'Œuvre; il envoie, quand il le juge opportun, un délégué du Comité diocésain aux Assemblées interparoissiales et paroissiales du diocèse.

26. Il veille aussi à ce que les Présidents ou les Vice-Présidents des Comités paroissiaux aient des rapports suivis avec son propre Président, ou au moins avec l'un ou l'autre de ses membres actifs.

27. Il exécute toutes les œuvres spéciales auxquelles il est invité par les Comités supérieurs, excepté le cas d'évidente impossibilité ou celui du *veto* de la part de l'autorité ecclésiastique locale.

Mais il devra, en ces occurrences, en donner avis au Comité régional.

28. C'est au Comité diocésain qu'est confié le soin de préparer et de convoquer, chaque année, une **Assemblée diocésaine** à laquelle, outre les membres de l'Œuvre, peuvent prendre part tous les membres des Associations catholiques et les catholiques du diocèse, comme l'établit le Statut à l'art. 5; les Règlements spéciaux seront observés.

La Présidence d'honneur y appartiendra toujours à l'Ordinaire, et la Présidence effective au Président du Comité diocésain ou au délégué du Comité régional ou général, envoyé à la requête de l'Evêque ou du Comité diocésain.

29. Le Comité diocésain, dès sa constitution, se consacre au Sacré Cœur de Jésus et à l'Immaculée Conception; chaque année, il solennise cette consécration, au mois de juin et durant l'octave du 8 décembre.

30. Le Comité diocésain peut, d'accord avec l'autorité diocésaine, et pour de graves motifs, dissoudre un Comité paroissial; il donnera connaissance de cette mesure au Comité régional.

IV. — *Réunions du Comité diocésain.*

31. Le Comité diocésain se réunit en séance ordinaire au moins une fois par mois, et, dans la mesure du possible, tous les huit jours ou tous les quinze jours, aux lieu, jour et heure fixés d'avance; il se réunit en séances extraordinaires toutes les fois que le Président le jugera opportun.

32. Pour les séances ordinaires, dont le lieu et le moment ont été préalablement déterminés, il n'est point nécessaire d'envoyer d'invitation spéciale aux membres du Comité.

Pour les séances extraordinaires, un avis de convocation doit être expédié en temps utile à tous les membres du Comité. Cet avis portera l'indication des sujets qui seront traités dans la séance.

33. Les décisions sont prises à la pluralité des membres présents et au vote secret.

Le président fait connaître les décisions les plus importantes, avant qu'elles ne soient promulguées, au Comité régional afin de connaître son avis : il devra ensuite donner connaissance au Comité diocésain, dès la séance ordinaire qui suivra, des conseils qu'il aura reçus.

34. Le Comité diocésain, quand il le croit opportun ou au moins deux fois par an, tiendra une réunion extraordinaire générale à laquelle il invitera, outre ses propres membres, les présidents des Comités paroissiaux de la campagne aussi bien que de la ville, afin que ceux-ci y exposent l'état de leurs Comités respectifs et que l'on y adopte les mesures les plus capables d'accentuer le développement et l'activité de ces Comités.

Les présidents des Comités paroissiaux peuvent déléguer un membre de leur Comité pour se faire représenter dans cette réunion ; les plus éloignés pourront envoyer leurs rapports et leurs propositions par écrit.

Tous les assistants à ces réunions ont voix délibérative.

35. Les réunions s'ouvrent par l'*Actiones* et par une invocation au Sacré Cœur de Jésus, à la Vierge Immaculée, à saint Joseph, à saint Pierre et au Saint protecteur du diocèse ; elles se ferment par la prière pour le Pape, par un *Requiem* pour les membres défunts de l'Œuvre et par l'*Agimus*. On y ajoute un *De profundis*, quand est annoncée la mort d'un membre du Comité diocésain ou des Comités supérieurs.

V. — *Recettes et dépenses.*

36. Les recettes du Comité diocésain sont :

a) La dixième partie des recettes de chacun des Comités paroissiaux du diocèse. Mais cette contribution ne pourra jamais être inférieure à deux francs par an.

b) La contribution annuelle de chacun de ses membres participants ; contribution d'au moins deux francs pour chacun ;

c) La quote d'admission aux réunions diocésaines ;

d) Les dons extraordinaires.

37. Le Comité diocésain prélève, chaque année, la dixième partie de ses recettes pour la transmettre au Comité régional dont il relève, et une contribution de cinq francs pour le Comité général permanent, contribution à lui faire parvenir par l'intermédiaire du Comité régional pour simplifier les formalités administratives.

Il est tenu aussi à s'abonner chaque année au *Bulletin de l'OEuvre*.

38. Pour les dépenses ordinaires, à la fin de chaque année, la présidence fera présenter au Comité un budget de prévision pour l'année suivante.

Pour les dépenses extraordinaires, le président en fera chaque fois la demande au Comité.

39. Le Comité diocésain présente, dans le courant du mois de janvier au Comité régional, un compte rendu de ses recettes et de ses dépenses de l'exercice écoulé.

RÈGLEMENT DES COMITÉS PAROISSIAUX

1. Le Comité paroissial est un groupe d'hommes franchement et généreusement catholiques, réunis dans une paroisse sous là direction du curé, pour réaliser les décisions des Comités supérieurs et pour faire refleurir la vie chrétienne dans les communes, dans les familles et dans les individus.

I. — *Constitution.*

2. Le Comité paroissial est composé effectivement de membres *actifs* (*voir art. 7 du Statut*) connus pour leur franche et généreuse profession de foi catholique; ils prennent une part directe à son action, assistent à ses réunions, en acceptent les charges et l'aident d'ailleurs par leurs offrandes.

Dans cette classe de membres, l'on peut admettre les jeunes gens âgés d'au moins quinze ans, qui, par leur conduite, donnent lieu d'espérer qu'ils resteront toujours dévoués à la cause de la Sainte Eglise.

Sont admis dans le Comité paroissial les membres des œuvres paroissiales qui ont de l'affinité avec l'Œuvre des Congrès ; ceux-ci seront choisis d'accord avec leur propre direction, dans la forme indiquée à l'article 2 du Règlement du Comité général.

3. Sont aussi affiliés au Comité paroissial des membres *participants* et des membres *honoraires*.

Les membres *participants* acceptent le but de l'Œuvre ; ils soutiennent le Comité de leurs contributions pécuniaires, ils en secondent les œuvres extérieures, ils s'appliquent à en accroître l'influence et l'efficacité dans les familles et dans la société. Les femmes peuvent aussi faire partie de cette section.

Les membres *honoraires* apportent au Comité le prestige de leurs noms et ils le soutiennent de leur bienveillance.

4. Tout Comité paroissial doit être fondé d'accord avec le curé.

5. Pour constituer un Comité paroissial, trois personnes de bonne volonté suffisent.

Il est à souhaiter que l'on voie entrer dans le Comité paroissial tous les catholiques sincères qui, par leur discrétion, leur condition et le caractère exemplaire de leur vie, sont un appui sérieux pour l'action catholique dans leur paroisse.

Toute nouvelle proposition de membres doit être préalablement communiquée au curé et approuvée par lui.

6. Le Comité paroissial, en se constituant, prend le nom de sa paroisse.

Le Saint titulaire de la paroisse en est le céleste protecteur.

7. Le Comité paroissial élit parmi ses membres, au vote secret et à la pluralité des membres présents, un Secrétaire et un Trésorier et aussi, si le nombre des membres le permet, un Vice-Président et un Vice-Secrétaire.

L'élection du Président est réservée au Comité diocésain, sur une liste de trois membres approuvée par le curé qui en écrira d'autre part à la Présidence.

8. Dès qu'aura eu lieu la constitution du Comité et que l'on aura procédé à la constitution des charges, le Comité en donne connaissance au Comité diocésain ou, faute de celui-ci, au Comité régional ou au Comité général, pour en recevoir la confirmation nécessaire.

9. Six mois après la première élection des charges, celles-ci se renouvellent complètement.

Le résultat de cette seconde élection est définitif. La vacance se produit tous les deux ans; tout dignitaire sortant de charge est toujours rééligible.

Tous les renouvellements de charges doivent toujours être communiqués au Comité immédiatement supérieur pour en être confirmés.

10. Le curé a toujours le droit d'assister aux réunions du Comité paroissial, ou personnellement ou par un autre prêtre qu'il déléguera : il en a la présidence d'honneur et, quand il le croit opportun, il peut opposer son propre *veto* aux décisions du Comité.

11. Le Président convoque et dirige les réunions ordinaires et les réunions extraordinaires — ces dernières quand il les juge opportunes — toujours de concert avec le curé.

Il veille à la réalisation des décisions du Comité, ainsi que de ce qui lui est suggéré et recommandé par les Comités supérieurs : il correspond avec ces Comités par l'intermédiaire du Comité diocésain et il signe avec le Secrétaire les actes du Comité.

Il envoie des invitations pour les réunions ordinaires et extraordinaires, et pour tout ce qu'aura d'ailleurs réglé le Comité.

Le Vice-Secrétaire aide le Secrétaire dans ces fonctions et le remplace en son absence.

13. Le Trésorier recueille, avec l'aide du Secrétaire, les recettes normales du Comité paroissial et les dons qui lui seraient faits.

Il garde la caisse du Comité lui-même, paye les mandats de la Présidence et tient un compte exact des recettes et des dépenses, de manière à en présenter le relevé à toutes les séances ordinaires du Comité.

Sont confiés à sa garde tous les objets appartenant au Comité.

II. — *Office de la Présidence du Comité paroissial.*

14. L'office de la Présidence est composé des membres qui forment la Présidence du Comité paroissial, comme dans l'article 7, et se renouvelle comme il est marqué à l'article 9.

15. Il se réunit tous les dimanches ou tout autre jour fixe de la semaine, au lieu et à l'heure établis, et toutes les fois que le Président le jugera opportun ; il prépare les questions à traiter dans les réunions du Comité.

16. L'expédition des affaires courantes et ordinaires et l'exécution des décisions prises dans les réunions paroissiales ou interparoissiales restent confiées au Président aidé du Secrétaire et des autres auxiliaires qui seraient nécessaires, ceux-ci choisis par l'Office de la Présidence, sur la proposition du Président.

III. — *Attributions et travaux.*

17. Le Comité paroissial donne son concours à toutes les œuvres qui servent à unir davantage au curé et à l'église paroissiale le peuple chrétien.

18. Le Comité paroissial, par la conduite individuelle de chacun de ses membres, donne l'exemple d'un franc et constant accomplissement des devoirs de notre Sainte Religion.

19. Il s'efforce de faire observer les dimanches et les jours de fête, soit par l'exemple de ses membres, soit en utilisant l'influence de ceux-ci sur leurs familles respectives et sur leurs subordonnés.

20. Il favorise et soutient de toute manière l'enseignement de la doctrine chrétienne, offrant même au curé, dans ce but, le concours personnel de ses membres.

21. Il assiste aux offices paroissiaux, au moins aux principales solennités; il prend part, suivant l'opportunité, aux processions et il accompagne le SS. Viatique.

22. Il s'applique de toutes manières à empêcher que, dans la paroisse, la mauvaise presse ne se répande; il s'efforce de propager la bonne presse; il fonde et il soutient là où il le croit opportun des bibliothèques de livres utiles et honnêtes : il introduit dans les cafés, dans les cercles et dans les familles les journaux qui s'inspirent des principes vrais.

23. Il suscite et soutient, de toutes les façons, les écoles catholiques, soit pour l'enseignement primaire, soit, là où c'est le cas, pour l'enseignement secondaire; et il s'emploie activement pour que les familles donnent la préférence à ces écoles pour l'instruction de leurs enfants.

24. Il surveille la marche des écoles publiques, le maintien de l'enseignement du catéchisme dans ces écoles, le respect qui est gardé pour la religion, et pour la morale, soit dans le choix des livres de classe, soit de la part des maîtres et des maîtresses dans l'école : le cas échéant, il fait à ce sujet les réclamations légales, par l'intermédiaire de ses membres, en qualité de pères de familles, à la Commission des écoles ou à la Municipalité, ou encore, par l'intermédiaire du Comité diocésain, à l'autorité supérieure de l'enseignement. Mais, pour ne point excéder les limites de la prudence, rien ne sera fait sans l'approbation de l'autorité ecclésiastique.

25. Il s'oppose, par les moyens les plus efficaces, aux scandales et aux offenses qui seraient faites à la religion et à ses ministres; il se prévaut dans ce but des droits que les lois en vigueur reconnaissent aux citoyens, à savoir : protestations, pétitions, recours, action judiciaire, Comices publics, etc., etc.

26. Le Comité paroissial exécute et réalise toutes les œuvres auxquelles il est expressément invité par les Comités supérieurs, comme, par exemple, l'action populaire ou démocratique chrétienne, les protestations ou les pétitions, la préparation de pèlerinages, etc.

27. A raison de ce qu'établit l'article précédent, le Comité paroissial doit aussi se prêter, à la requête des Comités supérieurs, à la préparation des élections administratives: il s'appliquera surtout à compléter les listes des électeurs catholiques, à distribuer et à recommander la liste des candidats de principes sains, à presser tous les catholiques de voter avec discipline pour ces candidats

28. Il développe aussi l'œuvre du denier de Saint-Pierre; il fait. écho, dans ce but, à tout nouvel appel qui lui sera fait.

29. Le Comité paroissial s'applique, de plus, à réaliser les décisions des **Congrès catholiques** et des **Assemblées régionales et diocésaines**, en se réglant sur les circonstances locales, et toutes les décisions de ses propres **Réunions paroissiales ou interparoissiales.**

30. Chaque année, l'on tiendra, par les soins du Comité, une **Assemblée paroissiale**; l'on y fera le compte rendu moral et économique du Comité, et l'on y excitera les catholiques à développer leur zèle. A cette Assemblée seront invités tous les membres *participants* et les membres *honoraires* du Comité, les membres des Comités limitrophes, et les catholiques de la paroisse susceptibles de se faire inscrire comme membres de l'Œuvre.

31. Le Président du Comité paroissial doit aviser le Comité diocésain de la convocation de cette Assemblée, afin que celle-ci envoie un de ses membres pour présider cette Assemblée; à la suite de la réunion, le Président du Comité paroissial enverra au Comité diocésain une copie ou un résumé du rapport lu en cette occurrence.

Plusieurs paroisses déterminées peuvent tenir des Assemblées interparoissiales, d'accord avec le Comité diocésain, auquel est réservée, dans ce cas, l'approbation du programme et la désignation de la présidence.

L'on aura soin de publier aussi, dans le *Bulletin* de *l'Œuvre* et dans le journal catholique régional ou diocésain, les actes les plus importants du Comité.

32. Dès sa constitution, le Comité paroissial se consacre au Sacré Cœur de Jésus et à l'Immaculée Conception; chaque année, il solennise cette consécration au mois de Juin et dans l'octave du 8 Décembre.

IV. — *Réunions du Comité paroissial.*

33. Le Comité paroissial se réunit en séance ordinaire tous les quinze jours, aux lieu, jour et heure fixés d'avance, et, en réunion extraordinaire, toutes les fois que le Président, d'accord avec le curé, le croira opportun.

34. Pour les réunions ordinaires, dont le lieu et le temps sont déterminés d'avance, il n'est pas nécessaire d'envoyer une invitation spéciale aux membres actifs du Comité.

Pour les réunions extraordinaires, l'on doit envoyer à tous les membres actifs, en temps utile, un avis de convocation.

35. Les décisions du Comité sont prises à la pluralité des voix des membres présents et au vote secret.

36. Le président, d'accord avec le curé, peut décider qu'à une réunion donnée l'on invitera aussi les membres *participants* et les membres *honoraires* du Comité paroissial, pour recevoir les communications utiles qu'ils pourraient avoir à présenter et aussi pour recueillir leur vote à titre consultatif.

37. Les réunions se tiennent de la manière suivante :

Le curé ou son délégué, et, en leur absence, le président ou celui qui en exerce les fonctions, ouvre la séance par la récitation de l'*Actiones*, d'un *Gloria* au Sacré Cœur de Jésus, et de l'invocation *Regina sine labe originali concepta, ora pro nobis*; l'on invoque aussi Saint Joseph, Saint-Pierre, le Saint protecteur de la paroisse.

Le président fait lire quelques extraits utiles du *Bulletin de l'Œuvre*, ou de son manuel, ou encore quelque article du règlement.

Puis le secrétaire donne lecture du procès-verbal de la séance précédente, qui est ensuite approuvé et qui est signé par le président et par le secrétaire lui-même. Toutes les fois que, dans le procès-verbal, il est question de quelque dépense décidée ou faite, on y adjoindra le relevé de l'état économique du Comité.

Puis le président demande compte à chaque membre ou aux Commissions qui auraient été progressivement constituées des charges qui leur auraient été confiées.

Il annonce aussi, quand c'est le cas, les communications, les dispositions, les propositions et les démarches des Comités supérieurs.

Puis, l'on traite de tout ce qui peut réclamer l'attention, l'étude ou l'activité du Comité ; l'on recherche quels fruits ont produits les œuvres entreprises, quelle est la marche de celles qui sont en cours d'exécution, de quelle manière on pourrait les rendre plus efficaces, à quelles autres il peut être opportun de concourir et quelle est la meilleure voie pratique à suivre.

Le Comité constitue, au fur et à mesure, les fonds nécessaires pour réaliser les œuvres décidées ; et, dans cette vue, le Président peut décider que le Trésorier, ou un autre membre en son absence, fasse une quête dans la réunion même ; ou même il provoque une souscription extraordinaire dans toute la paroisse.

La séance se ferme par la prière *Pro Pontifice*, par le *Requiem* pour les membres défunts de l'Œuvre, et par l'*Agimus*. On y ajoute un

De profundis quand est annoncée la mort d'un membre actif, participant ou honoraire, du Comité paroissial, ou d'un membre actif des Comités supérieurs.

V. — *Recettes et dépenses.*

38. Les recettes du Comité paroissial sont :

a) La quote de ses membres actifs et participants, de quinze centimes par mois au minimum pour chacun ;

b) La quête qui, avec la permission du Président, peut être faite dans les réunions ;

c) Les dons extraordinaires.

39. Des recettes, l'on mettra à part chaque année la dixième partie pour le Comité diocésain. Cette contribution, d'ailleurs, ne pourra jamais être inférieure à deux francs.

D'autre part, il sera prélevé une contribution de un franc pour le Comité général permanent et de un franc pour le Comité régional; ceux-ci la recevront par l'entremise du Comité diocésain.

Le Comité paroissial est tenu enfin à s'abonner au *Bulletin de l'Œuvre*.

40. Pour les dépenses ordinaires, à la fin de chaque année, l'on présente au Comité, par les soins de la Présidence, un budget de prévisions pour l'année suivante.

Pour les dépenses extraordinaires, le Président en fera chaque fois la proposition au Comité même.

Tous les ans, l'on présentera un relevé des recettes et des dépenses au Comité diocésain.

RÈGLEMENT DES SECTIONS-JEUNES
DE L'ŒUVRE DES CONGRÈS ET COMITÉS CATHOLIQUES
EN ITALIE

I. — *But.*

Art. 1. — Les Sections-Jeunes de l'*Œuvre des Congrès* et Comités catholiques en Italie ont pour but :

a) De fortifier dans le bien les jeunes gens, de les habituer à la profession publique et franche des principes catholiques ;

b) De former de dociles et intelligents collaborateurs du clergé, en tout ce qui regarde la préservation et la défense de la foi et l'action extérieure de l'Eglise ;

c) De préparer aux Comités de l'*Œuvre des Congrès* des membres vraiment actifs.

Art. 2. — Les Sections-Jeunes de l'*Œuvre des Congrès* pourront s'établir dans toutes les paroisses où il n'y a pas d'association de jeunesse qui ait déjà le but indiqué dans l'article précédent, et aussi dans les paroisses où les associations de ce genre déjà existantes auraient besoin d'un appui plus puissant. (*Bref de S. S. Léon XIII à l'Œuvre des Congrès, 9 septembre 1891.*)

Si, dans certaines localités, l'on n'a pas les éléments nécessaires pour fonder une Section-Jeune, l'on peut fonder des sections interparoissiales, lesquelles embrassent deux ou plusieurs paroisses. En ce cas, l'assistant ecclésiastique de la section ainsi formée est le curé de la paroisse dans laquelle la section a son siège.

II. — *Constitution.*

Art. 3. — La Section-Jeune peut être fondée :
a) Par le curé ;
b) Par le Comité paroissial ;
c) Par n'importe lequel des Comités supérieurs ou par un correspondant de ces Comités.

L'initiative peut être aussi prise par cinq jeunes gens, avec l'assentiment du curé.

Art. 4. — Pour fonder une section, cinq jeunes gens suffisent s'ils remplissent les conditions indiquées à l'article 16.

Art. 5. — Dans le cas où la section est fondée par un Comité de l'Œuvre, c'est le Comité qui fournit un Président à la Section; il prend ce Président de préférence parmi ses propres membres; l'assistant ecclésiastique du Comité fondé devient aussi assistant de la section, avec la faculté de déléguer un autre prêtre.

Si la Section n'a pas été fondée par un Comité de l'Œuvre, le Comité diocésain ou, à son défaut, le Comité régional, ou même le Comité général de l'Œuvre prend l'avis du curé duquel dépend la section à fonder et, s'étant muni des informations nécessaires, nomme le Président de la Section. Le curé en est l'assistant ecclésiastique; il peut déléguer dans ce but un autre prêtre.

Art. 6. — Une Section-Jeune de l'*Œuvre des Congrès* ne sera régulièrement constituée qu'après avoir obtenu du Comité diocésain, ou, à son défaut, du Comité régional ou du Comité général, l'approbation des membres de son Conseil, ou en d'autres termes de l'Office de la Présidence.

Dans tous les cas, la Section doit donner connaissance de sa constitution au Comité régional et au Comité général.

Art. 7. — Chaque Section dépend de son Comité paroissial ou, à défaut de ce Comité, du Comité diocésain ou encore, s'il n'existait pas de Comité diocésain, du Comité régional ou du Comité général de l'Œuvre; elle communique directement avec le Comité dont elle dépend.

D'autre part, la Section est tenue de faire parvenir chaque année au Comité général, par l'intermédiaire du Comité diocésain, quand ce Comité existe, le compte rendu de ses travaux; et, toutes les fois qu'il accomplit quelque acte important, il le fait connaître aux périodiques de l'Œuvre.

III. — *Dignitaires et membres*.

Art. 8. — Le Président, le Vice-Président, le Secrétaire, le Caissier et le Vice-Secrétaire constituent l'Office de la Présidence.

L'élection de ces dignitaires, excepté celle du Président (art. 5), se fait par la Section au scrutin secret et à la majorité.

a) Des membres inscrits au premier tour;

b) Des membres présents au second tour.

Les dignitaires élus par la Section se renouvellent, de même que le Président, chaque année ; les réélections sont toujours admises.

Art. 9. — La Section prend le nom du Comité ou de la paroisse dans laquelle elle a son siège, ou encore du Saint qu'elle se choisit pour patron ; elle s'intitule ainsi : « *OEuvre des Congrès et Comités catholiques* en Italie — Section-Jeune de X... (nom de la paroisse) du diocèse de X... »

Art. 10. — Le Président convoque les réunions ordinaires de la Section et les réunions extraordinaires, ces dernières quand il les croit utiles ; il les dirige ; il veille à la réalisation des décisions de la Section et des conseils du Comité fondateur et des Comités supérieurs ; il correspond avec ceux-ci dans ce but ; il signe avec le Secrétaire les actes de la Section et les mandats de payement pour le Trésorier.

Art. 11. — En l'absence du Président, le Vice-Président en a toutes les attributions.

Art. 12. — Le Secrétaire collectionne les procès-verbaux des séances ordinaires et extraordinaires des Sections ; il tient la correspondance de bureau ; il inscrit sur un registre spécial les noms des associés ; il signe avec le Président tous les actes de la Section ; c'est à lui que les archives en sont confiées ; il expédie les invitations pour les séances extraordinaires et pour n'importe quelle autre réunion décidée par la section.

Art. 13. — Le Vice-Secrétaire aide le Secrétaire dans ce travail ; il le remplace, le cas échéant.

Art. 14. — Le Trésorier recueille les recettes de la Section et les dons qui lui seraient faits ; il garde la caisse de la Section ; il paye les mandats du Président et tient un compte exact des recettes et des dépenses, de manière à en pouvoir présenter le relevé à chaque séance ordinaire. Sont aussi confiés à sa garde tous les objets qui appartiennent à la Section, excepté les archives qui sont confiées aux soins du Secrétaire (*Voir art. 12*).

Art. 15. — La Section-Jeune a son siège, autant que possible, dans le même édifice que le Comité fondateur.

Art. 16. — Sont admis à faire partie de la Section les jeunes catholiques de bonne conduite et qui donnent lieu d'espérer qu'ils travailleront un jour dans l'OEuvre avec ardeur et docilité ; ils doivent avoir douze ans révolus et ne peuvent avoir dépassé vingt et un ans.

Avant d'être membres effectifs de l'Œuvre, ils seront éprouvés durant un an. De cette épreuve sont dispensés les fondateurs dont il est question à l'article 4.

Ayant accompli leur 21e année, ils deviennent, par le fait, membres du Comité paroissial dont dépend la Section-Jeune, si ce Comité existe ; sinon, ils contribuent à le fonder. D'ailleurs, ils restent encore membres de la Section jusqu'à la 25° année accomplie.

Le Comité paroissial, s'il le croit utile, peut appeler dans son sein tel ou tel membre de la Section-Jeune, avant même qu'il ait achevé sa 21e année. (*Voir le Règlement pour les Comités paroissiaux, art. 2.*)

Art. 17. — Pour l'admission des membres, il est nécessaire d'obtenir le consentement des parents ou de ceux qui en tiennent la place.

Art. 18. — La Présidence, d'accord avec l'Assistant ecclésiastique, peut exclure du nombre des associés ceux qui, soit par leur conduite privée soit par leur négligence, ne correspondent plus à l'esprit de l'Œuvre.

Art. 19. — Quand un associé, pour un motif quelconque, cesse de faire partie de la Section, le Président est tenu d'en donner avis aux parents du jeune homme.

IV. — *Section-Jeune centrale.*

Art. 20. — Pour augmenter toujours davantage l'esprit d'union et le sentiment de la solidarité et pour que, dans les œuvres d'intérêt général, l'orientation soit uniforme et l'action plus efficace, la *Section-Jeune Centrale* est instituée dans les villes, chefs-lieux, grands centres dans lesquels, étant donné le nombre plus grand des paroisses, il y a un plus grand nombre de Sections-Jeunes.

La *Section Centrale* est composée de l'Office de la Présidence (art. 3) de chacune des Sections-Jeunes du lieu. Elle aura un président spécial, qui sera choisi par le Comité diocésain ou par le Sous-Comité diocésain, sur une liste de trois noms présentée par la Section Centrale ; les candidats proposés devront nécessairement être membres d'un Comité de l'Œuvre. La *Section Centrale* aura aussi un assistant ecclésiastique spécial, qui sera désigné par l'Ordinaire.

V. — *Réunions.*

ART. 21. — La Section-Jeune se réunit en séance ordinaire, autant que possible, chaque semaine, **aux** lieu, jour et heure indiqués d'avance ; et en séance extraordinaire, toutes les fois que le président le juge opportun.

ART. 22. — Aux séances ordinaires et extraordinaires de la Section, peuvent prendre part les représentants des Comités supérieurs.

ART. 23. — Pour les réunions ordinaires, étant donné que le lieu et le temps en auront été fixés d'avance, il n'est pas requis d'envoyer une invitation spéciale aux membres de la Section ; pour les réunions extraordinaires, l'avis de convocation doit être expédié en temps utile à tous les membres.

ART. 24. — Les séances s'ouvrent et se ferment par les prières en usage dans les réunions du Comité diocésain. On y ajoute un *De Profundis*, quand est annoncée la mort d'un membre de la Section ou du Comité fondateur ou du Comité diocésain.

ART. 25. — Dans chaque séance, la prière faite, l'on approuve le procès-verbal de la séance précédente ; l'on indique l'état de la caisse ; l'on fait quelque courte et utile lecture ; l'on communique les circulaires et les actes des Comités supérieurs. Puis chacun fait sa relation au sujet des charges qui ont pu lui être confiées ; l'on fait des propositions nouvelles ; l'on prend les décisions expédientes. Finalement, la séance est close par les prières indiquées ci-dessus.

ART. 26. — Les décisions ordinaires se prennent à la majorité des membres présents ; mais, quand le président remarque que la question est fort importante, les décisions se prennent, au premier tour, à là majorité des membres inscrits, au second tour, à la majorité des membres présents.

ART. 27. — Le président fait connaître les décisions les plus importantes, avant qu'elles ne soient promulguées, au Comité fondateur, afin qu'il les approuve.

ART. 28. — Une fois par an, la Section tient une séance générale extraordinaire, à laquelle, outre ses propres membres, sont invités tous les membres du Comité fondateur ou du Comité diocésain.

ART. 29. — Les membres des Sections-Jeunes sont tenus d'assister à toutes les séances ordinaires et extraordinaires ; en cas d'empêchement, ils doivent justifier leur absence.

ART. 30. — Il est vivement recommandé aux membres actifs des Sections-Jeunes de suivre le convoi des membres défunts ; la

Section fait célébrer chaque année, pour ceux-ci, une messe de *Requiem*.

VI. — *Œuvres.*

ART. 31. — La Section-Jeune se consacre à la réalisation des Œuvres du Comité fondateur et des Comités supérieurs, suivant les règles établies par ces Comités.

ART. 32. — Elle s'occupe d'une façon particulière et constante de l'assistance à l'enseignement catéchistique, de la diffusion de la bonne presse, des bibliothèques circulantes, là où on le croira opportun, et de tout ce qui peut contribuer au bien moral et religieux de la paroisse.

De plus, suivant la teneur du *Bref Pontifical* du 9 septembre 1901, la Section-Jeune, ayant égard aux conditions diverses des lieux, s'occupe encore des fêtes religieuses, des séance solennelles fixées par les Comités et, par-dessus tout, des fêtes pour le Saint-Père et des collectes publiques pour le denier de Saint-Pierre; elle suscite et développe les cabinets de lecture, là où on le croit convenable, les conférences littéraires-religieuses, les académies ou les séances de piété et de littérature, les cuisines économiques, etc., etc.....; elle aide les autres Sociétés catholiques qui auraient déjà fondé ce genre d'œuvres; elle s'occupe, en résumé, de tout ce que les conditions spéciales des temps et des lieux peuvent réclamer d'une jeunesse généreuse, sans exclure les études et les œuvres sociales.

ART. 33. — La Section, enfin, peut présenter aux Comités supérieurs toutes les propositions qu'elle croit utiles à l'action catholique.

VII. — *Recettes et dépenses.*

ART. 34. — Les recettes des Sections-Jeunes proviennent :

a) De la contribution mensuelle de ses membres, fixée à 10 centimes;

b) Des dons extraordinaires;

c) Du produit des séances et représentations (*Voir art. 32*);

d) De la quête qu'avec la permission du Président l'on peut faire au cours des réunions.

Art. 35. — La Section-Jeune est tenue à s'abonner, chaque année, au *Bulletin de l'Œuvre des Congrès*.

Art. 36. — La Section-Jeune, dans le premier mois de l'année, présente au Comité Fondateur ou au Comité Diocésain, à son défaut au Comité Régional, et, si celui-ci n'existe pas non plus, au Comité Général un compte rendu de ses recettes et de ses dépenses faites au cours de l'année.

DISPOSITIONS COMMUNES

AUX RÈGLEMENTS DU COMITÉ GÉNÉRAL, DES COMITÉS RÉGIONAUX, DIOCÉSAINS, PAROISSIAUX, ET DES SECTIONS-JEUNES

ARTICLE UNIQUE

Les Règlements des Comités Général, Régionaux, Diocésains, Paroissiaux, et des Sections-Jeunes, aussi bien que le Statut de l'*Œuvre des Congrès* et des Comités Catholiques entreront en vigueur à partir du jour de l'Immaculée Conception, 8 décembre 1901; ils ne pourront point être modifiés, sinon par l'Autorité Ecclésiastique supérieure, ou d'accord avec elle, dans la forme de l'article 12 du Statut.

APPENDICE

AVIS GÉNÉRAUX

1. Suivant la teneur du Bref Apostolique du 9 septembre 1891, le but de l'*Œuvre des Congrès* est toujours *in unum colligere catholicas vires, et collectas dirigere*; l'autonomie des diverses Associations, toutefois, restera toujours pleine et entière : ces Associations ne peuvent être considérées comme subordonnées à l'*Œuvre des Congrès* que dans l'ordre général.

2. Lorsque, dans les documents de l'œuvre ou dans les actes des Congrès et des autres Assemblées, diverses œuvres sont énumérées, cette énumération doit toujours se prendre à titre d'indication; elle ne constitue point une restriction, car l'on peut, suivant les lieux et suivant les opportunités du temps, y ajouter d'autres œuvres.

L'*Œuvre des Congrès* évitera, quand elle établira ou quand elle suscitera certaines œuvres spéciales, de faire concurrence aux œuvres locales déjà existantes et suffisantes à l'action catholique dans leur champ spécial respectif. De plus, elle ne mettra pas obstacle à la création spontanée de nouvelles œuvres spéciales autonomes, dès lors qu'elles ne créent pas une concurrence à celles qu'elle a fondées elle-même, et qu'elles reconnaissent sa direction suprême dans l'action catholique. Dans le cas de désaccord à l'occasion de ces fondations, la décision sera réservée à l'Autorité diocésaine.

3. L'unité de l'Œuvre une fois sauvegardée dans son orientation supérieure, de même que l'action qui regarde l'Italie dans son ensemble, les droits d'initiative, d'administration, de gouvernement de l'Œuvre, dans la sphère des Régions, des Diocèses et des Paroisses respectives, sont pleinement reconnus aux Comités Régionaux, Diocésains et Paroissiaux : chacun d'eux devra se développer avec la plus grande liberté d'action possible, dans l'ordre de la hiérarchie générale et dans les limites de son Règlement respectif.

4. Si quelque dissentiment ou quelque conflit surgissait au sein d'un Comité ou d'une manière quelconque, ces difficultés ne feront jamais l'objet des débats de la presse catholique, celle-ci devant toujours être l'appui et la défense de l'Œuvre mais elles seront toujours pacifiquement et graduellement résolues et arrangées par la direction supérieure de l'Œuvre : ou bien elles seront, d'un commun et amical accord, soumises à la décision de l'Autorité supérieure.

5. Les œuvres catholiques d'enseignement et d'éducation, et celles qui sont comprises sous le nom d'*Action populaire chrétienne ou démocratique chrétienne*, seront l'objet d'un soin spécial de la part de l'*Œuvre des Congrès* Catholiques et toutes les autres Œuvres et Associations auront à cœur de concourir au plus grand développement possible de ces œuvres si importantes, en s'inspirant des conditions des lieux.

6. Avec quel zèle et avec quel esprit de concorde toutes les Œuvres et Associations démocratiques chrétiennes et autres doivent contribuer à l'Action chrétienne sociale, le Saint-Père le dit dans l'Encyclique *Graves de Communi*. Voici ses paroles : « Et il n'y a pas lieu de craindre qu'avec le large développement et le progrès régulier de cette action sociale inspirée par le christianisme, l'on voie dépérir les autres institutions que nous ont léguées la piété ou la prévoyance de nos ancêtres; celles-ci ont derrière elles un long passé et sont restées florissantes; il n'y a pas lieu de craindre non plus qu'elles disparaissent, absorbées par les institutions nouvelles. Bien loin de là, les unes et les autres, pour être animées d'un même esprit de religion et de charité et pour n'être aucunement contradictoires de leur nature, peuvent aisément se concerter : leur mutuel concours peut même être si heureux qu'elles pourront subvenir plus efficacement, par une émulation de bonnes volontés, aux nécessités du peuple et aux périls qui deviennent de jour en jour plus graves. »

7. Que tous se rappellent que l'Action démocratique chrétienne, et le concours que les autres œuvres peuvent apporter à cette action, visent, « comme le veulent la nature et la loi divine, comme à une fin unique, à rendre moins dure la condition de ceux qui vivent du travail manuel, de telle sorte qu'ils arrivent graduellement à pourvoir aux nécessités de la vie : qu'ils puissent par suite, en famille et en public, remplir librement leurs devoirs moraux et religieux; qu'ils aient le sentiment d'être non des animaux, mais des hommes; non des païens mais des chrétiens; qu'ils aient enfin plus de facilité et d'attrait à la fois pour cet unique nécessaire, ce bien suprême pour lequel nous sommes nés ». (*Enc.* « *Graves de Communi.* »)

La question sociale ne doit donc pas être considérée comme purement économique; « il est, au contraire, absolument certain en effet qu'elle est tout d'abord morale et religieuse et que, par suite, c'est surtout à la loi morale et à la religion qu'il faut en demander la solution ». (*Enc. cit.*)

Aussi, le Souverain Pontife fait-il cette déclaration solennelle : « Nous n'avons jamais exhorté les catholiques à fonder des associations pour améliorer le sort du peuple ni à créer d'autres institutions analogues, sans leur recommander en même temps de mettre ces entreprises sous les auspices de la religion et de les fortifier de son appui constant. » (*Enc. cit.*)

8. Rappelons-nous, de plus, ces autres paroles du Saint-Père : « Qu'il ne soit point permis de donner un sens politique à la démocratie chrétienne. Car, bien que le mot *démocratie*, à s'en tenir à l'étymologie et à l'emploi qu'en ont fait les philosophes, serve à indiquer une forme de gouvernement populaire, toutefois, dans le cas actuel, il faut lui enlever toute signification politique et ne lui faire désigner rien d'autre que : une action bienfaisante chrétienne en faveur du peuple. En effet, parce que les préceptes de la nature et de l'Evangile sont par leur autorité propre au-dessus des contingences humaines, il est nécessaire qu'ils ne dépendent d'aucune forme de gouvernement civil ; mais ils peuvent concorder avec n'importe laquelle de ces formes, pourvu qu'elle ne soit pas contraire à l'honnêteté et à la justice.

» Ils sont donc et ils demeurent pleinement étrangers aux passions des partis et aux divers événements : de sorte que, quelle que soit en somme la constitution d'un Etat, les citoyens peuvent et doivent observer ces mêmes préceptes qui leur ordonnent d'aimer Dieu par-dessus toutes choses et leur prochain comme eux-mêmes. Telle fut la perpétuelle discipline de l'Evangile ; c'est celle qu'appliquèrent toujours les Pontifes romains vis-à-vis des Etats, quel que fût le mode de gouvernement qui régissait ceux-ci. Puisqu'il en est ainsi, les intentions et l'action des catholiques qui travaillent à promouvoir le bien des prolétaires ne peuvent assurément jamais tendre à préférer un régime civil à un autre et à l'apporter avec elles. »

9. Que l'on s'attache d'une façon spéciale aux œuvres indiquées dans l'Encyclique qui vient d'être citée « comme les secrétariats du peuple, les caisses rurales, les Sociétés de secours mutuels et de prévoyance, les Sociétés ouvrières, ou d'autres Sociétés et œuvres du même genre, qui ont pour but de pourvoir aux intérêts des pro-

létaires ». Que l'on suive d'ailleurs les règles suivantes, données dans l'Encyclique « *Rerum Novarum* » :

« A la solution de la question ouvrière, les maîtres et les ouvriers peuvent eux-mêmes contribuer efficacement, par toutes les œuvres propres à fournir des secours opportuns aux indigents et à opérer un rapprochement entre les deux classes. Telles sont les Sociétés de secours mutuels ; les institutions diverses, dues à l'initiative privée, qui ont pour but de secourir les ouvriers, ainsi que leurs veuves et leurs orphelins, en cas de mort, d'accidents ou d'infirmités ; les patronages, qui exercent une protection bienfaisante sur les enfants des deux sexes, sur les adolescents et sur les hommes faits. Mais la première place appartient aux corporations ouvrières, qui, en soi, embrassent à peu près toutes les œuvres. Nos ancêtres éprouvèrent longtemps la bienfaisante influence de ces corporations ; car, tandis que les artisans y trouvaient d'inappréciables avantages, les arts, comme une foule de monuments le proclament, y puisaient un nouveau lustre et une nouvelle vie. Aujourd'hui les progrès de la civilisation, les habitudes nouvelles et les exigences plus grandes de la vie rendent nécessaire l'adaptation de ces corporations aux conditions actuelles. Aussi est-ce avec plaisir que nous voyons se former partout des Sociétés de ce genre, soit composées des seuls ouvriers, ou mixtes, réunissant à la fois des ouvriers et des patrons ; il est à désirer qu'elles accroissent leur nombre et l'efficacité de leur action. »

10. Aucun des membres de l'Œuvre, quelle que soit sa condition et si absorbé qu'il se dise par ses autres occupations, ne pourra s'abstenir de coopérer à l'action chrétienne, au moins moralement, suivant ces règles données par le Vicaire de Jésus-Christ :

« Il est une chose sur laquelle il Nous convient d'insister un peu plus, et dans laquelle non seulement les ministres du culte, mais aussi tous ceux qui s'intéressent au peuple peuvent, sans difficulté, rendre service à celui-ci. Ils lui rendront service si, avec un zèle égal et en temps opportun, ils s'efforcent, en des entretiens fraternels, d'inculquer dans les esprits des maximes dont voici les principales : se garder constamment de toute sédition et des hommes séditieux, respecter inviolablement les droits d'autrui, accorder de bon gré aux supérieurs le respect et le travail qui leur sont dus, ne pas mépriser la vie domestique, féconde en fruits variés, pratiquer avant tout la religion et lui demander une consolation certaine contre les rigueurs de la vie. Pour mieux inculquer ces maximes, il est grandement utile de rappeler le modèle et de recommander le secours de la Sainte Famille de Nazareth, ou encore de proposer l'exemple de ceux que l'humilité même de leur condition a élevés au faîte de la vertu, ou enfin de nourrir chez le peuple l'espoir d'une récompense éternelle dans une meilleure vie. » (*Encycl.* « *Graves de Communi* ».)

11. Les Comités et les Présidences de l'Œuvre, avec un zèle éclairé et avec une douce fermeté, feront en sorte que tous observent cet avis du Souverain Pontife :

« Quoi qu'entreprennent, en ces matières, des hommes soit isolés soit associés, qu'ils se souviennent d'être entièrement soumis à l'autorité des évêques. Qu'ils ne se laissent pas égarer par un certain emportement trop ardent de zèle. Le zèle qui conseille des manquements à l'obéissance due aux pasteurs n'est ni pur ni fécond en résultats solides ni agréable à Dieu. Ceux que Dieu aime, ce sont ceux qui, sacrifiant leurs opinions, écoutent les chefs de l'Eglise comme ils l'écoutent lui-même. Ce sont eux qu'il assiste volontiers, même lorsqu'ils entreprennent des choses difficiles, et dont il conduit ordinairement les entreprises au succès désiré. »

PROGRAMME OU RÈGLES GÉNÉRALES

D'ACTION POPULAIRE OU DÉMOCRATIQUE CHRÉTIENNE POUR LE SECOND GROUPE DE L'ŒUVRE DES CONGRÈS ET DES COMITÉS CATHOLIQUES EN ITALIE

---

1. L'action populaire chrétienne ou démocratique chrétienne, « par le fait même qu'elle se dit chrétienne, doit avoir nécessairement pour base les principes de la foi et pourvoir aux intérêts des classes inférieures, mais toujours de façon à assurer leur perfectionnement moral, les yeux fixés sur les biens éternels pour lesquels ils sont faits ». (*Encycl. « Graves », 18 janvier 1901.*)

2. Cette action populaire chrétienne « a pour but unique, comme le veut la nature et la loi divine, de ramener à des conditions d'existence moins dures ceux qui travaillent de leurs mains; en sorte qu'ils en arrivent graduellement à pourvoir aux nécessités de la vie; qu'ils puissent dès lors, en famille et dans leur vie publique, accomplir librement les devoirs de la morale et de la religion; qu'ils sentent qu'ils ne sont pas des brutes, mais des hommes; non des païens, mais des chrétiens; et qu'ainsi ils puissent s'appliquer plus facilement et avec plus d'ardeur à ce qui seul est nécessaire, c'est-à-dire le souverain bien pour lequel nous sommes nés ». (*Encycl. « Graves de Communi ».*)

3. Que tous les membres du deuxième Groupe se rappellent que la question sociale n'est pas seulement économique, mais « qu'elle est principalement morale et religieuse, et que, par suite, il faut la résoudre suivant les données des lois morales et religieuses ». (*Enc. cit.*) En conséquence, les institutions qui doivent assurer au peuple un meilleur avenir doivent être fondées sous les auspices de la religion et fortifiées par son secours constant. (*Enc. cit.*)

4. L'action populaire chrétienne, « laissant de côté tout sens politique, ne doit signifier que l'action bienfaisante chrétienne en faveur du peuple », elle ne doit point se proposer « de préférer et de préparer une forme de gouvernement plutôt qu'une autre ». (*Enc. citée.*)

« Elle se développe sur le même terrain que la charité, en s'accommodant des exigences des temps..... » « Cette loi de charité mutuelle, qui est comme un perfectionnement de la loi de justice, impose non seulement de donner à chacun ce qui lui est dû et de ne pas entraver les droits d'autrui, mais aussi de se favoriser l'un l'autre, non pas en paroles et avec la langue, mais par des œuvres et en vérité. » (*Même Encyclique.*) Et, tandis que cette action populaire chrétienne ou démocratique chrétienne « met tous ses soins à chercher l'avantage des classes inférieures », elle ne doit pas « négliger les classes supérieures, qui ne sont pas moins utiles à la conservation et au perfectionnement de la société. Cet écueil est évité grâce à la loi chrétienne de charité, dont nous avons parlé plus haut. Celle-ci ouvre ses bras pour accueillir tous les hommes, quelle que soit leur condition, comme étant les enfants d'une seule et même famille, créés par le même Père très bon, rachetés par le même Sauveur, et appelés au même héritage éternel. » (*Enc. citée.*)

5. Les principes de l'Action populaire chrétienne ou démocratique chrétienne sont aussi anciens que le droit naturel et l'Evangile; ils sont et restent en dehors des partis et de la contingence des événements. Par conséquent, il est interdit de donner forme ou tendance de parti à la substance et aux modes d'action du deuxième Groupe ou de la Démocratie chrétienne. Et, bien que le chrétien, comme citoyen — les droits et les revendications du Saint-Siège étant sauvegardés — puisse avoir des préférences politiques (préférences qui ne soient pas opposées à la justice et à l'équité), néanmoins, ce serait un abus intolérable que de vouloir se prononcer, au nom de la religion ou des institutions « fondées sous les auspices de la religion et fortifiées de son appui constant », en des questions purement politiques et dans des conflits d'opinions de parti, et de les faire servir à des vues politiques. — Pour éviter cet écueil, les membres du deuxième Groupe auront présents à l'esprit les très sages enseignements des Encycliques « *Sapientiæ Christianæ* » et « *Graves de Communi* ». Aussi, aucun membre du deuxième Groupe, traitant de questions purement politiques, ne pourra parler au nom de ce Groupe, c'est-à-dire de la Démocratie chrétienne; ni ce deuxième Groupe ne sera jamais solidaire ou responsable des tendances personnelles ou des opinions privées de ses membres dans les questions d'intérêt purement politique et mondain.

« Il n'est pas douteux, dit le Saint-Père, que, dans la sphère de la politique, il ne puisse y avoir matière à de légitimes dissentiments et que, toute réserve faite des droits de la vérité et de la justice, on ne puisse chercher à introduire dans les faits les idées que l'on estime devoir contribuer plus efficacement que les autres au bien général. Mais vouloir engager l'Eglise dans ces querelles de partis et prétendre se servir de son appui pour triompher plus aisément de ses adversaires, c'est abuser absolument de la religion. » (*Encycl.* « *Sapientiœ Christianœ* », *10 janvier 1890.*)

6. Les œuvres sur lesquelles les membres du deuxième Groupe doivent principalement porter leur attention, et les principes qui doivent prévaloir dans leur fondation et leur développement, sont indiqués dans les avis pontificaux suivants, et d'autres semblables :

a) « Il nous paraît opportun d'encourager les Sociétés d'ouvriers et d'artisans qui, instituées sous le patronage de la religion, savent rendre tous leurs membres contents de leur sort et résignés au travail, et les portent à mener une vie paisible et tranquille. » (*Encycl.* « *Quod Apostolici* », *28 décembre 1878.*)

b) « Telles sont les Sociétés de jeunes gens et d'artisans, et celles qui ont été constituées ou pour tenir en leur temps des Congrès catholiques, ou secourir les misères humaines, ou pour assurer l'observation des fêtes, pour instruire les enfants des classes les plus indigentes, et d'autres œuvres multiples du même genre. » (*Encycl.* « *Etsi nos* », *15 février 1882.*)

c) « Nous voulons parler de ces corporations ouvrières destinées à protéger, sous la tutelle de la religion, les intérêts du travail et les mœurs des travailleurs. Si la pierre de touche d'une longue expérience avait fait apprécier à nos ancêtres l'utilité de ces associations, notre âge en retirerait peut-être de plus grands fruits, tant elles offrent de précieuses ressources pour combattre avec succès, et pour écraser la puissance des sectes. Ceux qui n'échappent à la misère qu'au prix du labeur de leurs mains, en même temps que par leur condition ils sont souverainement dignes de la charitable assistance de leurs semblables, sont aussi les plus exposés à être trompés par les séductions et les ruses des apôtres du mensonge.

Il faut donc leur venir en aide avec la plus grande générosité et leur ouvrir les rangs d'associations honnêtes pour les empêcher d'être enrôlés dans les mauvaises. En conséquence, et pour le salut du peuple, nous souhaitons ardemment de voir se rétablir, sous les auspices et le patronage des évêques, ces corporations appropriées aux besoins du temps présent. Et c'est pour Nous une très grande consolation d'avoir vu déjà se constituer en plusieurs lieux des associations de ce genre ainsi que des Sociétés de patrons, le but des unes et des autres étant de venir en aide à la classe honnête des prolétaires, de secourir et de protéger leurs familles, leurs fils, et de maintenir en eux, avec l'intégrité des mœurs, l'amour de la piété et la connaissance de la religion.

Nous ne pourrions ici passer sous silence la Société de Saint-Vincent de Paul, admirable pour le spectacle qu'elle donne et l'exemple qu'elle fournit, et qui a si hautement mérité des classes indigentes. Les œuvres et les intentions de cette Société sont bien connues elle se consacre tout entière à secourir les pauvres et les malheureux ; elle le fait avec une admirable sagacité et une modestie qui, à raison de sa discrétion même, n'en exerce que plus efficacement la charité chrétienne et n'en soulage que plus sûrement les misères humaines. » (*Encycl.* « *Humanum genus* », *20 avril 1884.*)

d) Que l'on cimente de nouveau cet édifice, « en retournant à l'esprit du christianisme, en faisant revivre, au moins pour la substance, dans leur vertu bienfaisante et multiple et sous les formes qui peuvent convenir aux nouvelles conditions des temps, les Corporations d'arts et métiers. Ces institutions, vivifiées par l'idée chrétienne et s'inspirant de la maternelle sollicitude de l'Eglise, pourvoyaient déjà dans le passé aux besoins matériels et religieux des ouvriers, leur facilitaient le travail, avaient soin de leurs épargnes et de leurs économies, défendaient leurs droits et appuyaient, dans les limites de l'équité, leurs revendications. » (*Discours du Saint-Père aux ouvriers français, 30 octobre 1889.*)

7. De ces documents et d'autres semblables, il résulte qu'il est très large le champ ouvert au zèle d'équité et de charité qui doit, d'une manière plus spéciale, exciter l'ardeur du deuxième groupe. Parmi les œuvres multiples auxquelles ils doivent s'attacher et qui sont comprises en substance dans l'article précédent, les suivantes sont d'une urgence extrême : les Unions professionnelles et les Représentations du travail, en se préoccupant d'une façon spéciale des populations rurales ; les Sociétés ouvrières de secours mutuels, en y rattachant des groupements professionnels pour améliorer la condition des membres de la profession ; les Ecoles d'arts et métiers et d'agriculture pratique, les Caisses rurales, les Caisses ouvrières, les banques coopératives catholiques, le patronage des émigrants, les assurances contre les accidents, les assurances pour l'invalidité et pour la vieillesse, enfin toutes les organisations qui ont pour but direct le bien moral économique des classes popu-

laires, quelques formes qu'elles revêtent, pourvu qu'elles s'inspirent de principes vraiment chrétiens.

8. Comme garanties de ces principes catholiques et de moralité dans les institutions précédentes, propres au second groupe ou à l'action démocratique chrétienne, on aura soin :

a) Que les règlements particuliers, programmes, manuels, etc. aient un langage et un esprit nettement chrétiens ;

b) Que les drapeaux et autres emblèmes n'aient rien de commun avec les insignes d'origine socialiste ;

c) Que les statuts et règlements soient préalablement examinés et approuvés par l'Ordinaire.

Faute de cette approbation, aucune des institutions indiquées ci-dessus ne pourra se présenter ni être tenue comme une institution catholique, méritant la confiance du Clergé et du Laïcat catholique.

Que l'on tienne comme règle sûre et nécessaire cette règle donnée par le Saint Office, le 3 octobre 1887, pour que la bannière d'une Société laïque, de secours mutuels, ouvrière, etc., puisse être bénie et admise dans l'Eglise : 1° que les Statuts de la Société, dont on veut bénir la bannière, soient approuvés par l'Autorité diocésaine ; 2° que la Société elle-même dépende d'une certaine manière de cette autorité ; 3° que la bannière porte quelque insigne religieux ; 4° qu'il ne s'y trouve aucun insigne répréhensible.

Et comme les œuvres d'action populaire chrétienne doivent être « fondées sous les auspices de la religion et fécondées par son aide constante », les membres du second Groupe doivent, avec un zèle prudent et assidu, faire en sorte que tous leurs actes, discours, etc., soient pleins de l'esprit de Jésus-Christ ; qu'il fassent toujours plus connaître et aimer Jésus-Christ, recommandent les pratiques religieuses, instruisent et moralisent. De cette sorte, cherchant d'abord le règne de Dieu dans les prolétaires, dans les pauvres, dans la société, ils obtiendront plus efficacement le bien temporel de l'ouvrier et du pauvre, et le plus grand progrès de la civilisation chrétienne.

9. L'Office central de toutes les institutions de démocratie chrétienne — lequel aura seul le droit d'expédier des circulaires, de donner une direction autorisée, de prendre les initiatives *regardant toute l'Italie*, et régler tout le mouvement d'Action populaire chrétienne du laïcat catholique, sous la direction ou sous la protection du Saint-Siège et des Evêques, — est l'Office de la Présidence du deuxième Groupe, sauf les droits du Comité général et de l'Office

de la Présidence générale de l'*Œuvre des Congrès*, suivant les règlements du Comité général, art. 16, et des Groupes et Sections, art. 11.

10. Les Cercles et les autres institutions démocratiques chrétiennes, paroissiales, diocésaines et régionales, doivent se considérer comme partie essentielle de l'*Œuvre des Congrès* et comme l'objet de l'action propre du deuxième Groupe : ils dépendent respectivement des Comités paroissiaux, diocésains et régionaux, et tous ensemble du deuxième Groupe du Comité général de l'Œuvre. Et pour assurer l'harmonie et la concorde entre tous les membres du deuxième Groupe, que les anciens et les nouveaux s'en tiennent fidèlement à cet avis, donné par le Saint Père, dans son discours au Sacré Collège, le 23 décembre 1901 : « **Nous** avons déjà exhorté les catholiques et Nous les exhortons de nouveau à opposer leurs efforts les plus énergiques au progrès des maximes révolutionnaires du socialisme. Mais puisqu'il s'agit d'une entreprise dans laquelle la plus efficace garantie de succès réside dans l'esprit d'obéissance et dans la concorde des esprits, il convient qu'ils soient obéissants, qu'ils pratiquent la concorde, tous ceux qui se proposent de se consacrer, sous la conduite de l'Eglise, au soulagement des classes populaires. Nous demandons le concours unanime et harmonique de toutes les bonnes volontés. Qu'ils viennent, les Jeunes, et qu'ils apportent volontiers le concours de leur énergique et chaude activité : qu'ils viennent, les plus âgés, et qu'ils donnent, confiants, outre leur foi éprouvée, la pondération et le sens judicieux, fruits de l'expérience. Unique et commun est le but : pareil et également sincère doit être le zèle chez les uns et chez les autres. Point de défiance, mais de la confiance mutuelle; point de censures, mais le support chrétien; point de dissensions, mais une charité réciproque. »

11. Les Cercles démocratiques chrétiens et les autres institutions d'action populaire chrétienne mettront ces mots en tête de tous leurs documents : « Deuxième Groupe de l'*Œuvre des Congrès et des Comités catholiques* en Italie. — Cercle démocratique chrétien de X..., diocèse de X... ». En conséquence, les institutions d'action populaire chrétienne ou démocratique chrétienne, d'une paroisse déterminée, formeront le deuxième Groupe du Comité paroissial; celles d'un diocèse constitueront le deuxième Groupe du Comité diocésain, et celles d'une même région le deuxième Groupe du Comité régional.

Et — bien qu'il soit désirable que les relations entre ces Groupes et le deuxième Groupe général soient, d'ordinaire, hiérarchisées, savoir du deuxième Groupe paroissial au deuxième Groupe diocésain, de celui-ci au régional et du régional au deuxième Groupe général, — néanmoins, chacun des deuxièmes Groupes inférieurs est toujours en pleine liberté de communiquer directement avec le deuxième Groupe général, et celui-ci directement avec eux.

12. Aucune revue ou aucun journal de titre ou de programme démocratique chrétien ne devra être considéré comme l'organe officiel ou officieux de l'Action populaire chrétienne pour l'Italie, excepté celui qui sera fondé ou dirigé par le deuxième Groupe général : ce périodique même aura besoin de l'approbation préalable et de la surveillance continue de l'Autorité Ecclésiastique, les questions relatives à la Démocratie chrétienne, surtout dans leur partie doctrinale, étant d'une exposition délicate et difficile, et se rattachant souvent intimement à l'enseignement et à la morale catholiques.

De fait, la rédaction d'un pareil périodique demande une sérieuse préparation, une soigneuse exactitude doctrinale de fond et de forme, une modération et une déférence singulières dans l'étude des questions discutables, sans offenser jamais les personnes ni indisposer une classe sociale contre une autre ; bien plus, cet organe doit être un lien de paix, de charité et de réconciliation entre les diverses classes de catholiques, et ne heurter jamais les sentiments et les traditions honnêtes des personnes ayant différentes manières de penser en des questions libres.

13. Quant aux autres journaux d'Action populaire chrétienne, ils devront se montrer en tout déférents envers l'autorité de l'Ordinaire et accepter docilement ses directions, ses avis et ses conseils.

14. Pour les écrits qui requièrent l'approbation préalable ou l'autorisation de l'Autorité Ecclésiastique, celle-ci devra être avisée à temps, afin qu'elle puisse peser les mesures et les précautions qu'elle jugera bon de prendre le cas échéant. Que les démocrates chrétiens se rappellent que ce qui se fait « *præter ou contra* » le vouloir de leur Evêque propre ou de l'Autorité Ecclésiastique dont ils dépendent immédiatement, pour bonne et opportune que la chose leur paraisse, ne peut avoir les bénédictions de Dieu.

C'est la volonté du Saint-Siège — et la notion même de la hiérarchie ecclésiastique l'exige — que le laïcat catholique ne précède point, mais suive ses Pasteurs. « Vous vous plaignez, écrivait le Saint-Père à l'épiscopat piémontais, que plusieurs, soit du laïcat soit du clergé, paraissent, comme vous l'écrivez, oublieux du respect qui vous est dû, s'émancipent du magistère épiscopal souvent en pratique, parfois même en paroles, et que, lorsqu'ils vous croient moins favorables à leurs opinions, ou bien ils n'ont pour vous aucun égard ou bien même ils vous font des reproches. — Plus d'une fois, Nous avons dit ce que Nous pensions sur ce point : et dernièrement, prévenant, pour ainsi dire, vos plaintes, Nous en avons parlé dans la Lettre que Nous avons adressée aux Evêques de France et à leur Clergé.

Certes, Nous désirons vivement que les catholiques, aussi bien pour former les mœurs que pour alléger les misères du pauvre peuple, se dévouent sérieusement à la cause des ouvriers et des classes inférieures. Dans ce but, il Nous plaît que l'on tienne des réunions publiques, que l'on fonde des patronages, des sociétés de secours mutuels et d'autres institutions analogues ; que l'on étudie les questions d'ordre social ; que, dans les livres et dans les périodiques, l'on traite des nécessités de la société humaine, sans jamais perdre de vue les âmes immortelles.

Mais Nous désirons et Nous voulons que ces études ne servent jamais à des intérêts particuliers de partis et qu'elles ne s'écartent jamais de la justice. Et, pour qu'il en advienne ainsi, il est indispensable que, tout en entreprenant ces œuvres et d'autres du même genre, l'on garde pleins et entiers les égards dus à l'Autorité ecclésiastique.

S'opposer à la volonté des Evêques, et vouloir plutôt les enseigner que les écouter, c'est chose contraire au devoir des laïques. » *(Lettre « Non abs re »; 12 octobre 1899.)*

15. Les souscriptions et les collectes pour les œuvres d'action sociale et démocratique chrétienne sont soumises à l'autorité et à la surveillance des Ordinaires.

16. Il est manifeste que, parmi les institutions démocratiques chrétiennes, un grand nombre, à raison des relations qu'elles ont avec les affaires du siècle et les questions d'argent, sont plus efficacement et plus convenablement dirigées par des laïques de bonne volonté. Pour ce motif, aucun prêtre ou clerc ne pourra être élu membre actif des Comités et autres Conseils dirigeants du deuxième Groupe, sans la permission écrite de son Ordinaire et du Supérieur ecclésiastique dont relève l'institution à la direction de laquelle ce prêtre ou ce clerc doit contribuer. Et, pour ne point s'exposer à des difficultés canoniques ou à des responsabilités civiles qui ne conviennent pas à l'état clérical, l'on évitera, autant que possible, de

mettre des prêtres ou des clercs à la tête de ces institutions.

17. L'Assistant ecclésiastique de chacun des Comités de l'*OEuvre des Congrès* sera aussi assistant ecclésiastique des Cercles et des autres institutions démocratiques chrétiennes : sauf les cas spéciaux dans lesquels, à raison du nombre et de l'importance des institutions du deuxième Groupe, en une localité, un diocèse, une région, l'on croirait opportun de demander un Assistant ecclésiastique spécial pour ce deuxième Groupe.

18. Les programmes d'ordre pratique, ordinaires ou extraordinaires, devront toujours s'inspirer des principes de ce programme général du deuxième Groupe, présenter toujours un caractère nettement religieux et moralisateur, être soumis préalablement à l'Office de Présidence du deuxième Groupe général, et recevoir la bénédiction ou l'autorisation de l'Ordinaire. Dans ces conditions, ni le deuxième Groupe général, ni l'*OEuvre des Congrès* ne pourront considérer ces programmes comme leurs; bien plus, en certaines occurrences, d'accord avec l'Ordinaire, l'*OEuvre des Congrès* devra les désavouer dans son périodique officiel — dont il est parlé dans l'article 12.

19. Comme l'ignorance des vérités de la foi et des préceptes de la morale chrétienne est la cause principale des maux qui affligent les classes ouvrières et les prolétaires, les membres du deuxième Groupe chercheront, avec un dévouement assidu, prudent et ingénieux, à profiter de toutes les occasions pour instruire et moraliser le peuple. Ce dévouement sera, pour le deuxième Groupe, une source intarissable de bénédictions célestes; et, avec l'aide de Dieu, il sera aussi la cause et l'occasion principale qui rendront salutaires, sûres et fécondes, les améliorations de la condition du peuple; enfin, il sera l'antidote constant qui rendra inoffensifs les efforts du socialisme.

20. L'Office de la Présidence du deuxième Groupe, après une étude sérieuse, donnera aux groupes inférieurs les règles pratiques qui seront opportunes pour les diverses institutions démocratiques chrétiennes; ces institutions auront un caractère ouvertement et clairement chrétien.

21. L'on donnera lecture de ce programme dans la première assemblée annuelle de chacun des Comités de l'*OEuvre des Congrès* et dans la séance d'inauguration de chacun des Cercles démocratiques chrétiens. Et ce programme ne pourra être modifié sans l'exprès consentement de la Suprême Autorité Ecclésiastique.

PRIÈRES ET INDULGENCES

Prières à réciter au commencement des réunions.

Actiones nostras, quæsumus, Domine, aspirando præveni et adjuvando prosequere, ut cuncta nostra oratio et operatio a te semper incipiat et per te cœpta finiatur.

Cor Jesu sacratissimum, miserere nostri.

Regina sine labe originali concepta, ora pro nobis.

Sancte Joseph, ora pro nobis.

Sancte (nom du saint Patron), ora pro nobis.

Prières à réciter à la fin de chaque séance et en public, quand se renouvelle solennellement la consécration, pour les fêtes du Sacré Cœur et de l'Immaculée Conception.

Cœur très aimable de Jésus, notre Dieu, notre Rédempteur, notre Roi, notre espérance, notre tout, nous vous consacrons, aujourd'hui et pour toujours, tout ce que nous sommes, toutes nos œuvres, et en particulier cette Société, fondée en votre Saint Nom et sous vos divins auspices. Accordez-nous, ô Rédempteur très généreux, que cette Société soit un moyen efficace pour la sanctification de nos âmes et des âmes de nos frères ; qu'en confessant et en professant franchement et courageusement notre foi, qu'en nous dévouant avec une fidélité inébranlable à la cause du Saint-Siège, qu'en nous livrant à la pratique des bonnes œuvres, nous procurions la gloire de la SS. Trinité et de votre Cœur divin, les fruits de votre précieux sang, l'exaltation, la paix, la liberté, le triomphe de la Sainte Eglise et de Votre Vicaire !

O Dieu ! accordez-nous qu'un si grand nombre de nos frères, membres de cette société moderne, coupables d'apostasie vis-à-vis de Vous et vis-à-vis de votre Eglise, reviennent, les yeux dessillés et le cœur repentant, dans les bras maternels de cette Eglise, de laquelle seule ils pourront recevoir la paix et le salut.

Et vous, ô Bienheureuse Vierge immaculée, auguste Mère de Dieu ; Vous, ô Marie, qui êtes le moyen infaillible entre tous, pour tout obtenir du Cœur Sacré de Jésus, votre Fils, de ce cœur qui vous a léguée à nous comme un don suprême de sa charité surabondante ; Vous, qui êtes la

Reine du Peuple chrétien; Vous, par qui ce Peuple remporte ses victoires, daignez être notre Mère, notre Reine et notre Capitaine; acceptez-nous tous comme des fils unis à Vous par des liens spéciaux, comme vos sujets, comme vos soldats. Présentés comme tels au Sacré Cœur de Jésus, nous sommes certains que ce Cœur divin nous donnera, à cause de Vous, toute lumière, tout secours, toute protection et qu'il nous considérera éternellement comme lui appartenant à Lui-même.

Saint Joseph, Patron Universel de l'Eglise, Saint Pierre, Saint Paul, princes des Apôtres, priez pour nous.

℣. Cor Jesu, flagrans amore nostri :
℟. Inflamma cor nostrum amore tui.

Oremus. Concede, quæsumus, omnipotens Deus, ut qui in sanctissimo dilecti Filii tui corde gloriantes, præcipua in nos caritatis ejus beneficia recolimus, eorem pariter et actu delectemur et fructu. Per eumdem Christum Dominum nostrum.
℟. Amen.
℣. In Conceptione tua, Virgo, immaculata fuisti :
℟. Ora pro nobis Patrem, cujus Filium peperisti.

Oremus. Deus, qui per immaculatam Virginis Conceptionem dignum Filio tuo habitaculum præparasti, quæsumus, ut qui ex morte ejusdem Filii tui prævisâ Eam ab omni labe præservasti, nos quoque mundos, Ejus intercessione, ad Te pervenire concedas. Per eumdem Christum Dominum Nostrum. ℟. Amen.

Oremus pro Pontifice nostro N.N. Dominus conservet eum, et vivificet eum, et beatum faciat eum in terra, et non tradat eum in animam inimicorum ejus.

Agimus tibi gratias, omnipotens Deus, pro universis beneficiis tuis; Qui vivis et regnas in sæcula sæculorum. ℟. Amen.

On y ajoute un *De Profundis*, quand on a reçu la nouvelle de la mort d'un des membres actifs, honoraires ou adhérents du Comité de l'Œuvre.

Indulgences concédées par le Saint-Père Pie IX, de sainte mémoire, dans l'audience du 24 janvier 1876, à tous les membres de « l'Œuvre des Congrès » et à tous les membres des Associations et Œuvres catholiques adhérentes.

INDULGENCE PLÉNIERE une fois par mois, si, en approchant de la Sainte Table eucharistique, ils prient pour les besoins de la Sainte Eglise, selon l'intention du Souverain Pontife, et pour que les Œuvres se conservent dans leur esprit religieux et se propagent à la gloire de Dieu et pour le bien de son Eglise.

INDULGENCE DE 300 JOURS chaque fois qu'ayant invoqué le secours de Dieu ils accomplissent une œuvre à l'avantage des Congrès catholiques.

Et enfin, pour tous ceux qui auront pris part aux Congrès, INDULGENCE PLÉNIÈRE le jour de la Communion générale, et le jour destiné à la célébration de la Sainte Messe pour le suffrage des membres défunts.

Tous les pèlerinages paroissiaux, diocésains, régionaux et nationaux, suscités par les Comités, sont enrichis d'indulgences spéciales par le Saint Père Léon XIII. (*Bref du 6 mai 1881, confirmé par un autre Bref le 4 mai 1891.*)

INSTRUCTION

DE LA SACRÉE CONGRÉGATION DES AFFAIRES ECCLE-
SIASTIQUES EXTRAORDINAIRES SUR L'ACTION POPU-
LAIRE CHRÉTIENNE OU DÉMOCRATIQUE CHRÉTIENNE
EN ITALIE

Personne n'ignore comment se sont manifestées, surtout en ces derniers temps, des divergences d'opinions sur la manière de développer et de promouvoir l'action démocratique chrétienne en Italie ; ces divergences n'ont pas peu contribué à troubler l'union et l'harmonie si désirées et si recommandées par le Saint-Père. C'est pour ce motif que, voulant supprimer toute cause de malentendu et de dissentiment parmi les catholiques italiens, et désireux en même temps de répondre à de nombreuses questions posées de divers côtés, le Souverain Pontife a ordonné d'envoyer la présente Instruction aux Révérendissimes évêques d'Italie.

1. Dans son Encyclique *Graves de communi*, du 18 janvier 1901, Sa Sainteté disait : *Il n'est pas permis de donner un sens politique à la démocratie chrétienne ; — il faut mettre de côté tout sens politique ; — les préceptes de la nature et de l'Evangile sont et restent en dehors des partis et des vicissitudes des événements ; — les projets et l'action des catholiques ne doivent point avoir pour but de préférer et de préparer une forme de gouvernement plutôt qu'une autre.*

Voici comment doivent s'entendre ces paroles :

a) Les institutions démocratiques chrétiennes, quel qu'en soit le caractère, doivent être considérées comme des manifestations de l'action populaire chrétienne, basée sur le droit naturel et sur les préceptes de l'Evangile. Il ne faut donc pas les envisager comme des moyens employés à atteindre des fins politiques ou destinés à changer une forme de gouvernement.

b) L'action démocratique chrétienne, étant basée sur la justice et sur la charité évangélique, a un champ tellement vaste que, comprise et pratiquée suivant la lettre et l'esprit du Saint Siège, elle répond aux plus généreuses activités des catholiques et renferme, toute proportion gardée, l'action même de l'Eglise parmi le peuple. La lettre *Permoti Nos*, adressée au cardinal-archevêque de Malines le 10 juillet 1895, indique en ces termes quelle est l'étendue de l'action populaire chrétienne : « La question sociale offre plus d'un aspect à qui l'examine sérieusement. Elle se rapporte, sans doute, aux biens extérieurs, mais surtout à la religion et à la morale ; en outre, elle se rattache naturellement aux règles de la législation civile, si bien que, somme toute, elle embrasse l'ensemble des droits et des devoirs de toutes les classes de la société. Aussi les principes évangéliques de justice et de charité — rappelés par Nous — appliqués dans les faits et à la pratique de la vie, doivent-ils nécessairement atteindre la conduite et les multiples intérêts des particuliers. »

c) Par conséquent, dans les programmes, conférences et journaux démocratiques chrétiens, on peut traiter toutes les questions qui tendent au triomphe de la justice et à la pratique de la charité en faveur du peuple, et qui constituent le véritable objet de la démocratie chrétienne.

d) Les journaux démocratiques chrétiens peuvent également donner des informations et des appréciations sur les faits et opinions politiques, mais sans prétendre parler au nom de l'Eglise, ni imposer leur manière de voir dans les matières où la discussion est libre, comme si ceux qui pensent autrement qu'eux n'étaient pas de sincères catholiques.

e) Et il ne suffit pas que les démocrates chrétiens ne parlent point au nom de l'Eglise lorsqu'ils traitent de sujets purement politiques ; en Italie, il est aussi nécessaire qu'ils s'abstiennent de participer à une action politique quelconque, suivant l'esprit et la lettre de ces deux avertissements pontificaux : « Autant le concours des catholiques aux élections administratives est à louer et plus que jamais à favoriser, autant il faut l'éviter dans les élections politiques, comme non expédient pour des raisons d'ordre très élevé, dont une des principales est la situation faite au Souverain Pontife, laquelle, à coup sûr, ne peut être compatible avec l'entière liberté et indépendance de son ministère apostolique. » (*Lettre à S. Em. le cardinal Parocchi*, 14 mai 1895.) — « Dans l'état actuel des choses, l'action des catholiques italiens, demeurant étrangère à la politique, se concentre sur le terrain social et religieux ; elle a pour but de moraliser les populations, de les rendre obéissantes à l'Eglise et à son Chef, de les éloigner des périls du socialisme et de l'anarchie, de leur inculquer le respect du principe d'autorité, enfin de soulager l'indigence par les œuvres si nombreuses de la charité chrétienne. » (*Lettre aux évêques, au clergé et au peuple d'Italie*, 5 août 1898.)

f) C'est une obligation pour tous les journalistes catholiques, et conséquemment aussi pour les démocrates chrétiens et pour quiconque veut s'occuper d'action catholique, de maintenir toujours vifs dans le peuple le sentiment et la conviction de la situation intolérable où se trouve réduit le Saint Siège depuis l'invasion de ses Etats ; ils ne doivent laisser passer aucune occasion opportune de faire connaître et rappeler les solennelles et incessantes protestations du Saint Père, ainsi que les motifs très élevés qui les inspirent. Les vrais catholiques doivent avoir toujours présents à la mémoire les nombreux et très graves documents émanés des Souverains Pontifes Pie IX et Léon XIII, revendiquant les droits sacrés et l'indépendance du Siège apostolique ; on devra rappeler avec les Vicaires de Jésus-Christ que « en vain cherche-t-on à dénaturer le caractère de cette lutte en y mêlant des *intérêts humains* et des *fins politiques*, comme si, même lorsque Nous revendiquons la souveraineté pontificale pour sauvegarder l'indépendance du Chef de l'Eglise et sa liberté, il ne s'agissait pas d'intérêts éminemment religieux ». (*Discours au Sacré Collège*, 25 décembre 1890.) Il convient, en outre, de ne pas perdre de vue les décrets et les déclarations des Sacrées Congrégations et principalement les règles données en diverses occasions par la Sacrée Pénitencerie concernant les cas pratiques qui présentent quelque connexité avec l'invasion des Etats de l'Eglise.

**

II. Pour la fondation et la direction des périodiques, y compris ceux d'action populaire chrétienne, le clergé doit fidèlement observer les prescriptions de l'article 42 de la Constitution apostolique *Officiorum*, 25 janvier 1897 (1). En outre, les journalistes démocrates chrétiens, comme tous les journalistes catholiques, doivent mettre en pratique ces avertissements du Saint-Père : « Que la

(1) « Les membres du clergé séculier ne doivent pas publier de livres même traitant d'arts et sciences purement naturels sans consulter leur Ordinaire, donnant ainsi l'exemple de l'obéissance à son égard. Il leur est également interdit de prendre, sans l'autorisation préalable de l'Ordinaire, la direction de journaux ou publications périodiques. »

règle de conduite des écrivains soit de se soumettre avec une fidélité empressée aux évêques, *à qui l'Esprit Saint a confié la direction de l'Eglise de Dieu;* qu'ils respectent leur autorité et qu'ils n'entreprennent rien sans leur volonté; car dans les combats pour la religion, ils sont les chefs qu'il faut suivre. » (Encyclique *Nobilissima Gallorum gens,* 8 février 1884.) — « Le devoir des journalistes, en tout ce qui touche aux intérêts religieux et à l'action de l'Eglise dans la société, est de se soumettre pleinement d'esprit et de cœur, comme tous les autres fidèles, à leurs évêques et au Souverain Pontife; d'exécuter et de faire connaître leurs ordres, de seconder leurs initiatives spontanément et sans réserve; de respecter et faire respecter leurs décisions. » (Lettre *Epistola tua,* à l'archevêque de Paris, 17 juin 1885.) — « On ne doit pas croire que ceux-là seuls manquent à leurs devoirs de catholiques qui rejettent ouvertement l'autorité de leurs chefs; ils y manquent aussi ceux qui s'opposent à cette autorité par d'habiles tergiversations, par des voies obliques et dissimulées. La vertu vraie et sincère de l'obéissance ne se contente pas de paroles; elle consiste surtout dans la soumission de l'esprit et de la volonté..... Si des journalistes osent enfreindre ces prescriptions et se guider suivant leur appréciation personnelle, soit en préjugeant les questions que le Saint-Siège n'a pas encore tranchées, soit en lésant l'autorité des évêques et en s'arrogeant pour eux-mêmes une autorité qu'ils ne sauraient avoir, qu'ils en soient bien convaincus : c'est en vain qu'ils prétendent conserver le glorieux nom de *catholique,* ou servir les intérêts de la très sainte et très noble cause qu'ils ont entrepris de défendre et d'exalter. » (Lettre *Est sane molestum,* à l'archevêque de Tours, 17 décembre 1888.) — Les journalistes catholiques devront travailler à ne jamais mériter le très grave reproche de « s'attaquer mutuellement dans leurs journaux par des injures quotidiennes et publiques; d'interpréter à leur guise les documents très clairs par lesquels l'autorité ecclésiastique blâme leur manière d'agir; de différer toujours et avec astuce de se rendre à ces graves admonitions; enfin, de refuser leur confiance à leurs propres pasteurs et, bien qu'obéissants en paroles, de mépriser en fait leur autorité et eur direction ». (Lettre *Cum huic,* à l'évêque d'Urgel, 20 mars 1890.)

** **

III. Quand les écrits démocratiques chrétiens traitent spécialement de questions concernant la religion, la morale chrétienne et l'éthique naturelle, ils sont soumis à la censure préalable de l'Ordinaire, suivant l'article 41 de la Constitution apostolique *Officiorum* (1). En outre, les ecclésiastiques, suivant les prescriptions de l'article 42 de la même Constitution, cité ci-dessus, doivent obtenir le consentement préalable de l'Ordinaire, même pour la publication d'écrits d'un caractère purement technique.

IV. Dans les fondations de Cercles, Sociétés, etc., on veillera avec soin aux points suivants : 1° les règlements, programmes, manuels et autres documents auront une rédaction et un esprit nettement chrétiens; 2° les bannières et autres insignes n'auront rien de commun avec les insignes d'origine socialiste; 3° les statuts et règlements seront préalablement examinés et approuvés par l'Ordinaire; faute de cette approbation, aucune de ces institutions ne pourra se donner ni être considérée comme une institution catholique, digne de la confiance du clergé et des laïques catholiques; tous les actes et discours seront pleins de l'Esprit de Jésus-Christ, et, ayant avant tout pour but le règne de Dieu, contribueront efficacement au bien temporel des ouvriers et des pauvres et au progrès de la civilisation chrétienne. Dans toutes les œuvres qui doivent avoir l'autorisation préalable ou la permission de l'autorité ecclésiastique, on devra aviser cette autorité à temps pour lui permettre d'étudier les mesures et les précautions à prendre. En résumé, le Saint-Siège veut — et d'ailleurs la notion même de la hiérarchie ecclésiastique l'exige — que les laïques catholiques ne précèdent pas, mais suivent leurs pasteurs; ceux-ci, de leur côté, ne négligeront pas de promouvoir avec tout leur zèle et une sollicitude particulière l'action populaire chrétienne, si nécessaire de nos jours et si fréquemment recommandée par le Saint-Père.

V. Les souscriptions et quêtes pour les œuvres d'action sociale et démocratique chrétienne sont soumises à l'autorité et à la surveillance de l'Ordinaire. Comme, en certaines circonstances et des cas particuliers, ces quêtes pourraient être des causes d'agitation

(1) « Tous les fidèles sont tenus de soumettre préalablement à la censure ecclésiastique au moins les livres qui traitent des divines Ecritures, de la Théologie, de l'Histoire ecclésiastique, du Droit Canon, de la Théologie naturelle, de l'Ethique et autres sciences religieuses ou morales du même genre, et en général tous les écrits qui traitent spécialement de la religion et des mœurs. »

ou de dissipation dans les Séminaires et autres écoles soumises à l'Ordinaire et même dans les maisons et les collèges de religieux, les directeurs ne permettront aucune de ces quêtes ou souscriptions sans le préalable et exprès consentement de leur évêque ou de leur supérieur respectif.

VI. Aucun journal, même catholique et organe d'action populaire chrétienne, ne peut être introduit dans les Séminaires, collèges et écoles dépendant de l'autorité ecélésiastique, sans la permission expresse des supérieurs immédiats ; ceux-ci devront absolument avoir d'abord l'autorisation de leur propre évêque pour chaque journal et chaque revue. En règle générale, il ne convient pas que le temps destiné à la formation ecclésiastique et à l'étude soit employé à lire les journaux, particulièrement ceux qui exigent chez leurs lecteurs des garanties spéciales d'expérience et un véritable esprit de piété chrétienne. Les supérieurs d'Ordres et de Congrégations n'oublieront pas ces règles et devront les faire observer dans leurs familles religieuses.

VII. Les conférences sur la démocratie chrétienne, devant être souvent, et quant à la forme et quant au fond, la défense de la doctrine catholique contré les erreurs socialistes, exigent de fortes études et une prudence particulière ; par suite, aucun prêtre ni aucun clerc ne pourra en donner sans la permission de l'Ordinaire du lieu. A ces conférences s'appliquent les règles suivantes de l'Instruction de la Sacrée Congrégation des Evêques et Réguliers, du 31 juillet 1894, sur la prédication :

« S'il s'agit de prêtres de leur diocèse, les évêques ne leur confieront jamais un ministère aussi auguste sans les avoir éprouvés ou par voie d'examen ou de toute autre manière opportune : *Nisi prius de vita et scientia et moribus probati fuerint* (1). Quand il s'agira de prêtres d'un autre diocèse, ils ne leur permettront pas de prêcher dans le leur, surtout dans les occasions plus solennelles, s'ils ne présentent de lettres de leur propre évêque ou de leur propre supérieur régulier qui donnent bon témoignage de leurs mœurs et de leur capacité pour cette fonction. Les supérieurs des religieux, de quelque Ordre, Société ou Congrégation que ce soit, ne permettront à aucun de leurs sujets de prêcher, et encore moins le présenteront-

____

(1) *Conc. Trid.*, sess. V, cap. ii, *De Reform.*

ils aux Ordinaires avec des lettres testimoniales, avant de s'être très bien assurés et de la régularité de sa conduite et de la rectitude de sa méthode dans la prédication de la parole divine. Que si les Ordinaires, après avoir accepté un prédicateur sur les bonnes recommandations qu'il a présentées, le voyaient ensuite, dans l'exercice de son ministère, dévier des règles et des enseignements donnés en cette Lettre, ils le rappelleront promptement au devoir par une réprimande opportune ; si elle ne suffit pas, qu'ils lui retirent la mission confiée, et qu'ils usent même des peines canoniques si la nature du cas le demande. » Le motif de ces précautions est clairement indiqué en ces termes dans le même document : « Quant à ces conférences qui visent à défendre la religion des attaques de ses ennemis, elles sont de temps en temps nécessaires, mais c'est une charge qui n'est pas faite pour toutes les épaules ; elle est faite seulement pour les plus robustes. Et encore, ces puissants orateurs doivent, en cette matière, user d'une grande prudence ; il convient de ne faire ces discours apologétiques que lorsque, d'après les lieux, les temps et les auditoires, il en est véritablement besoin, et qu'on peut en espérer un vrai profit, ce dont les juges les plus compétents ne peuvent être évidemment que les Ordinaires ; il convient de les faire de manière que la démonstration ait ses profondes assises dans la doctrine sacrée, beaucoup plus que dans les arguments humains et naturels ; il convient de les faire avec tant de solidité et de clarté que l'on évite le danger de laisser certains esprits plus impressionnés par les erreurs que par les vérités qu'on y a opposées, plus atteints par les objections que par les réponses. »

Pour que toutes ces règles soient mieux observées, aucun prêtre ou clerc ne prendra part à aucune réunion qui voudrait se soustraire à la vigilance pastorale et à l'action de l'Ordinaire.

VIII. Les doctrines socialistes contenant dans leur ensemble de véritables hérésies, les conférences contradictoires avec les socialistes sont soumises aux décrets du Saint Siège relatifs aux discussions publiques avec les hérétiques. Le décret de la Sacrée Congrégation de la Propagande du 7 février 1645 résume ainsi la législation toujours en vigueur sur cette matière :

« 1° Les conférences et discussions publiques entre catholiques et hérétiques sont permises chaque fois qu'on espère qu'elles produiront un plus grand bien et qu'elles sont accompagnées de certaines autres circonstances déterminées par les théologiens, comme étaient, par exemple, les discussions soutenues par saint Augustin contre les donatistes et autres hérétiques ;

»2° Le Saint Siège et les Pontifes romains, considérant que souvent ces discussions, conférences et réunions contradictoires ne produisaient aucun fruit, ou même avaient une issue fâcheuse, les ont fréquemment prohibées et ont ordonné aux supérieurs ecclésiastiques de chercher à les supprimer ; et, lorsque cela leur serait impossible, de travailler au moins à ce qu'elles n'aient pas lieu sans l'intervention de l'autorité apostolique et que les orateurs soient des personnages capables de faire triompher la vérité chrétienne. »

A maintes reprises, la S. C. de la Propagande a donné par écrit à ses missionnaires des ordres identiques, leur enjoignant de ne pas entrer publiquement en discussion avec les hérétiques.

Un des motifs pour lesquels le Saint Siège a interdit ces débats publics est indiqué dans un autre décret du 8 mars 1625, par ces mots qui ont encore aujourd'hui une douloureuse actualité : « Parce que souvent ou la fausse éloquence, ou l'audace, ou le genre d'auditoire font que l'erreur applaudie l'emporte sur la vérité. »

***

IX. En certains écrits et discours, on a souvent remarqué un langage inexact et peu conforme à la modération et à la charité chrétiennes. En conséquence, les catholiques qui veulent mériter la bénédiction de Dieu et la confiance de l'autorité ecclésiastique auront pour règle les principes suivants :

a) L'action démocratique chrétienne ne doit pas être considérée comme une chose nouvelle ; elle est aussi ancienne que les préceptes et les enseignements de l'Evangile. Jésus-Christ a ennobli la pauvreté et a imposé aux riches de graves devoirs à l'égard des pauvres et des ouvriers. « Il fallait rapprocher les deux classes, établir entre elles un lien religieux et indissoluble. Ce fut le rôle de la charité. Elle créa un lien social et lui donna une force et une douceur inconnues jusqu'alors ; elle inventa, en se multipliant elle-même, un remède à tous les maux, une consolation à toutes les douleurs, et elle sut, par ses innombrables œuvres et institutions, susciter une noble émulation de zèle, de générosité et d'abnégation. » (*Discours du Saint Père aux ouvriers français*, 30 octobre 1889.)

« En tout temps et sans cesse, il nous plaît de le répéter ici, l'Eglise s'est préoccupée avec toute sa sollicitude du sort des classes pauvres et des ouvriers. Quand sa parole était écoutée et obéie par les peuples, sa liberté d'action moins entravée, et qu'elle pouvait disposer de ressources plus considérables, l'Eglise venait en aide aux pauvres et aux travailleurs, non seulement par les largesses de sa charité, mais encore en suscitant et favorisant ces grandes institutions que furent les corporations, lesquelles ont si largement contribué au progrès des arts et des métiers, en procurant aux ouvriers eux-mêmes une amélioration dans leur condition économique et un plus grand bien-être. Du reste, ce que l'Eglise a enseigné et mis en pratique en d'autres temps, elle le proclame et cherche à le réaliser encore aujourd'hui. » (*Discours du Saint Père aux ouvriers français*, 18 octobre 1887.)

La Sainte Eglise peut avec raison se vanter d'avoir toujours été l'initiatrice de toutes ces études de sociologie que quelques-uns veulent maintenant présenter comme une chose nouvelle. « C'est une grande gloire de l'Eglise d'avoir perfectionné la science du droit; on ne pourra jamais nier qu'elle ait grandement contribué par ses doctrines, ses exemples et ses institutions, à la solution de ces problèmes complexes, sur lesquels s'acharnent les spécialistes des sciences économiques et sociales. » (*Motu proprio Ut mysticam sponsam Christi*, 14 mars 1891.)

b) Il faut considérer comme absolument contraire au véritable esprit de charité et, par suite, à l'esprit de la démocratie chrétienne, un langage qui pourrait inspirer au peuple de l'aversion pour les classes supérieures de la société. Jésus-Christ a voulu unir tous les hommes par le lien de la charité, qui est la perfection de la justice, pour que, animés d'un amour réciproque, ils travaillent à se faire du bien les uns aux autres. Sur ce devoir d'aide mutuelle qui incombe à toutes les classes de la société, écoutez les enseignements du Souverain Pontife dans l'Encyclique *Graves de communi* : « Il faut mettre la démocratie chrétienne à couvert d'un autre grief : à savoir en consacrant ses soins aux intérêts des classes inférieures, elle ne paraisse laisser de côté les classes supérieures, dont l'utilité n'est pas moindre pour la conservation et l'amélioration de l'Etat..... A cause de l'union naturelle du peuple avec les autres classes de la société, union dont la fraternité chrétienne rend les liens encore plus étroits, ces classes elles-mêmes ressentent l'influence de tous les soins empressés apportés au soulagement du peuple, d'autant plus que, pour obtenir un bon résultat, il est convenable qu'elles soient appelées à prendre leur part d'action..... On doit surtout faire appel au bienveillant concours de ceux à qui leur situation, leur fortune, leur culture d'esprit ou leur culture morale assurent dans la société plus d'influence. A défaut de ce concours, à peine est-il possible de faire quelque chose de vraiment efficace pour améliorer, comme on le voudrait, la vie du peuple. Le moyen le plus sûr et le plus rapide d'y arriver est que les citoyens le plus haut placés mettent en commun les énergies d'un zèle qui sait se multiplier. »

c) Il serait souverainement injuste de présenter les associations et œuvres catholiques fondées jusqu'à ce jour comme ayant peu mérité de l'action populaire chrétienne, alors que, au contraire, le Saint Père a décerné les éloges suivants à l'épiscopat, au clergé italien et à ces œuvres au moment où elles étaient persécutées: « Par vos généreux efforts, Vénérables Frères, et par ceux du clergé et des fidèles qui vous sont confiés, on obtint des résultats heureux et salutaires qui pouvaient en faire présager de plus grands encore dans un avenir prochain. Des centaines d'associations et des Comités surgirent en diverses contrées d'Italie, et leur zèle infatigable fit naître des caisses rurales, des fourneaux économiques, des asiles de nuit, des cercles de récréations pour les fêtes, des œuvres de catéchisme, d'autres ayant pour but l'assistance des malades ou la tutelle des veuves et des orphelins, et tant d'autres institutions de bienfaisance. » (Encyclique *Spesse volte,* 5 août 1898.)

d) On ne pourrait approuver dans les publications catholiques un langage qui, s'inspirant de nouveautés malsaines, semblerait railler la piété des fidèles et pousser à de nouvelles orientations de la vie chrétienne, à de nouvelles directions de l'Eglise, à de nouvelles aspirations de l'âme moderne, à une nouvelle vocation sociale du clergé, à une nouvelle civilisation chrétienne, etc. Pour éviter toute tendance dangereuse, tous les catholiques se rappelleront et appliqueront à leur situation ces graves avertissements donnés par le Saint Père au clergé français :

« Assurément, il y a des nouveautés avantageuses, propres à faire avancer le royaume de Dieu dans les âmes et dans la société. Mais, nous dit l'Evangile, c'est au *père de famille,* et non aux enfants et aux serviteurs, qu'il appartient de les examiner et, s'il le juge à propos, de leur donner droit de cité, à côté des usages anciens et vénérables qui composent l'autre partie de son trésor. » (Encyclique *Depuis le jour,* 8 septembre 1899.) On sait que le Siège apostolique

« a de tout temps réglé la discipline, sans toucher à ce qui est de droit divin, de façon à tenir compte des mœurs et des exigences des nations si diverses que l'Eglise réunit dans son sein. Et qui peut douter que celle-ci ne soit prête à agir encore de même si le salut des âmes le demande? Toutefois, ce n'est pas au gré des particuliers facilement trompés par les apparences du bien que la question se doit résoudre; mais c'est à l'Eglise qu'il convient de porter un ugement, et tous doivent y acquiescer, sous peine d'encourir la censure portée par Notre prédécesseur Pie VI. Celui-ci a déclaré la proposition LXXIII du Synode de Pistoie « injurieuse pour l'Eglise » et l'Esprit de Dieu qui la régit, en tant qu'elle soumet à la discus- » sion la discipline établie et approuvée par l'Eglise, comme si l'Eglise » pouvait établir une discipline inutile et trop lourde pour la liberté » chrétienne. » Et le dessein des novateurs est encore plus dange- reux et plus opposé à la doctrine et à la discipline catholiques. Ils pensent qu' « il faut introduire une certaine liberté dans l'Eglise, afin » que la puissance et la vigilance de l'autorité étant, jusqu'à un cer- » tain point, restreintes, il soit permis à chaque fidèle de développer » librement son initiative et son activité ». (Lettre *Testem benevolentiæ*, au cardinal-archevêque de Baltimore, 22 janvier 1899.)

e) Plus encore que les simples fidèles, les prêtres, et spécialement les jeunes, doivent avoir en horreur cet esprit de nouveauté; et bien qu'il soit très désirable que ceux-ci aillent au peuple, conformément à la volonté du Saint-Père, néanmoins ils doivent procéder en cela avec la nécessaire subordination à leurs supérieurs ecclésiastiques, mettant ainsi en pratique ces très importants avertissements donnés par l'auguste Pontife même à ceux qui ont déjà mérité de justes éloges pour avoir fait preuve de grande activité et d'esprit de sacri- fice dans l'action populaire chrétienne:

« Nous connaissons, et le monde entier connaît comme Nous, les qualités qui vous distinguent. Pas une bonne œuvre dont vous ne soyez ou les inspirateurs ou les apôtres. Dociles aux conseils que nous avons donnés dans Notre Encyclique *Rerum Novarum*, vous allez au peuple, aux ouvriers, aux pauvres. Vous cherchez par tous les moyens à leur venir en aide, à les moraliser et à rendre leur sort moins dur. Dans ce but, vous provoquez des réunions et des Congrès; vous fondez des patronages, des cercles, des caisses rurales, des bureaux d'assistance et de placement pour les travail- leurs. Vous vous ingéniez à introduire des réformes dans l'ordre économique et social, et, pour un si difficile labeur, vous n'hésitez

pas à faire de notables sacrifices de temps et d'argent. C'est encore
pour cela que vous écrivez des livres ou des articles dans les journaux et les revues périodiques. Toutes ces choses en elles-mêmes
sont très louables, et vous y donnez des preuves non équivoques
de bon vouloir, d'intelligent et généreux dévouement aux besoins
les plus pressants de la société contemporaine et des âmes. Toutefois, très chers Fils, Nous croyons devoir appeler paternellement
votre attention sur quelques principes fondamentaux, auxquels vous
ne manquerez pas de vous conformer si vous voulez que votre
action soit réellement fructueuse et féconde. Souvenez-vous avant
toute chose que, pour être profitable au bien et digne d'être loué,
le zèle doit être « accompagné de discrétion, de rectitude et de
pureté ». Ainsi s'exprime le grave et judicieux Thomas A Kempis.

Mais la discrétion dans les œuvres et dans le choix des moyens
pour les faire réussir est d'autant plus indispensable que les temps
présents sont plus troublés et hérissés de difficultés nombreuses. Tel
acte, telle mesure, telle pratique de zèle pourront être excellents
en eux-mêmes, lesquels, vu les circonstances, ne produiront que
des résultats fâcheux. Les prêtres éviteront cet inconvénient et ce
malheur si, avant d'agir et dans l'action, ils ont soin de se conformer
à l'ordre établi et aux règles de la discipline. Or, la discipline
ecclésiastique exige l'union entre les divers membres de la hiérarchie, le respect et l'obéissance des inférieurs à l'égard des supérieurs.
Si donc, Nos chers Fils, comme tel est certainement votre cas,
vous désirez que, dans la lutte formidable engagée contre l'Eglise,
par les sectes antichrétiennes et par la cité du démon, la victoire
reste à Dieu et à son Eglise, il est d'une absolue nécessité que vous
combattiez tous ensemble, en grand ordre et en exacte discipline,
sous le commandement de vos chefs hiérarchiques. N'écoutez pas
ces hommes néfastes qui, tout en se disant chrétiens et catholiques,
jettent la zizanie dans le champ du Seigneur et sèment la division
dans son Eglise en attaquant et souvent même en calomniant les
évêques « établis par l'Esprit Saint pour régir l'Eglise de Dieu ».
Ne lisez ni leurs brochures ni leurs journaux. Un bon prêtre ne
doit autoriser en aucune manière ni leurs idées, ni la licence de
leur langage. Pourrait-il jamais oublier que, le jour de son ordina-
tion, il a solennellement promis à son évêque, en face des saints autels,
obedientiam et reverentiam? Par-dessus tout, Nos chers Fils, rappelez-
vous que la condition indispensable du vrai zèle sacerdotal et le
meilleur gage de succès dans les œuvres auxquelles l'obéissance

hiérarchique vous consacre, c'est la pureté et la sainteté de la vie. »
(*Lettre au clergé français*, 8 septembre 1899.)

f) Egalement, en s'occupant de l'action populaire chrétienne, que les prêtres le fassent toujours avec dignité, et sans compromettre cet esprit ecclésiastique d'où émanent tout leur prestige et toute leur force. Les enseignements et décrets du Concile de Trente sur la vie et la conduite des clercs sont aujourd'hui plus nécessaires encore que par le passé. « A ces recommandations du saint Concile, écrivait le Saint Père dans la Lettre au clergé français que nous venons de citer, que Nous voudrions, Nos chers Fils, graver dans tous vos cœurs, manqueraient assurément les prêtres qui adopteraient dans leurs prédications un langage peu en harmonie avec la dignité de leur sacerdoce et la sainteté de la parole de Dieu, qui assisteraient à des réunions populaires où leur présence ne servirait qu'à exciter les passions des impies et des ennemis de l'Eglise, et les exposerait eux-mêmes aux plus grossières injures, sans profit pour personne et au grand étonnement, sinon au scandale, des pieux fidèles, qui prendraient les manières d'être et d'agir et l'esprit des séculiers. Assurément, le sel a besoin d'être mélangé à la masse qu'il doit préserver de la corruption, en même temps que lui-même se défend contre elle, sous peine de perdre toute saveur et de n'être plus bon à rien, qu'à être jeté dehors et foulé aux pieds. De même le prêtre, sel de la terre, dans son contact obligé avec la société qui l'entoure, doit-il conserver la modestie, la gravité, la sainteté dans son maintien, ses actes, ses paroles, et ne pas se laisser envahir par la légèreté, la dissipation, la vanité des gens du monde. »

En faisant parvenir la présente Instruction aux Révérendissimes Ordinaires d'Italie, Sa Sainteté a la confiance que tous, collaborant à l'action populaire chrétienne, les plus âgés avec leur expérience, et les jeunes avec leur saint enthousiasme, on parviendra à obtenir ces salutaires effets de paix et de concorde que Sa Sainteté a tant à cœur, suivant ce qu'Elle répétait encore dans le Bref adressé au Congrès de Tarente, en août 1901, et dans le discours prononcé le 23 décembre de la même année, devant le Sacré Collège. « Nous demandons, disait le Saint Père, le concours unanime et la coopération concordante de toutes les bonnes volontés. Qu'ils viennent, les jeunes, qu'ils apportent volontiers l'énergique et ardente activité qui caractérise leur âge; qu'ils viennent, ceux qui ont la maturité, et qu'ils apportent avec confiance, outre leur foi éprouvée, la pondération et le jugement, fruits de l'expérience. Unique et commun est le but, égal et également sincère doit être le zèle chez les uns et chez les autres. Pas de défiance; mais une confiance réciproque; pas de critiques, mais une tolérance chrétienne; pas de froideur, mais une mutuelle charité. »

Rome, 27 janvier 1902.

M. Card. RAMPOLLA.

LETTRE DE S. É. LE CARD. RAMPOLLA

AUX CARDINAUX ITALIENS,
PORTANT COMMUNICATION DES DOCUMENTS

Dans sa vive sollicitude pour le développement constant et harmonique de l'Action catholique en Italie, le Saint Père a disposé que l'on communique à tous les RR^{mes} Ordinaires d'Italie la nouvelle rédaction, ci-incluse, du *Statut de l'Œuvre des Congrès et des Comités Catholiques*, et des *Règlements* des Comités, des Groupes et des Sections de l'Œuvre; auxquels se trouvent joints comme *Appendice* certains avertissements généraux, et le Programme ou Règles générales assignées au Second groupe de l'Œuvre.

En même temps, Sa Sainteté fait tenir à tous les Ordinaires *l'Instruction de la S. C. des Affaires Ecclésiastiques Extraordinaires, sur l'Action populaire chrétienne ou démocratique chrétienne*, destinée, elle aussi, à dissiper les malentendus et à promouvoir cette fécondité d'action et cette union, qui sont désirées de tous, et que l'Auguste Pontife a tant à cœur.

Pour l'application des nouveaux Règlements, je dois maintenant ajouter les règles pratiques suivantes, également approuvées par Sa Sainteté:

I. Le renouvellement des « Offices de Présidence », suivant la teneur des Règlements, se fera graduellement pour chaque Comité, de la manière suivante, savoir:

a) Avant la fin de Février, se renouvelleront les charges des Comités Paroissiaux; et les Comités diocésains se renouvelleront pour un tiers, ainsi que les « Offices de Présidence » respectifs;

b) Dans les deux mois suivants, c'est-à-dire avant la fin du mois d'Avril, les Comités Régionaux devront se renouveler pour un tiers, ainsi que leurs « Offices de Présidence »;

c) Dans une troisième période de deux mois, le Comité général se renouvellera, moyennant l'admission des délégués des Comités régionaux: on y créera, dans cette vue, autant de vacances qu'il sera nécessaire pour avoir le nombre de membres fixés par le Règlement;

d) Dans les premiers jours de Juillet, tous et chacun des membres du nouveau Comité général enverront, par lettre particulière, à Son Eminence le Cardinal Vicaire de Sa Sainteté, le bulletin secret où ils désigneront une, deux ou trois personnes qu'ils jugent capables de remplir la charge de Président général;

e) L'Eminentissime Cardinal Vicaire fera ensuite connaître au Comité général le nom de la personne qui sera désignée comme Président général; après cela, dans l'espace d'un mois, le Comité lui-même, réuni dans ce but, procédera à l'élection de l' « Office de la Présidence générale » tout entier et à la nomination des présidents des groupes, dans la forme établie par leurs règlements respectifs;

f) Il reste entendu que les Présidents et les dignitaires (« Uffiziali ») actuellement en charge sont rééligibles.

II. La confirmation des élections, faites par chacun des Comités inférieurs, sera faite par le Comité immédiatement supérieur, avant que celui-ci se renouvelle à son tour, dans l'ordre indiqué ci-dessus.

III. Pour les élections successives, l'on procédera suivant les règles analogues fixées dans les règlements spéciaux de chaque Comité.

L'intention du Saint Père est que toutes les dispositions et instructions mentionnées dans la présente circulaire soient scrupuleusement observées, avec cette unité de vues et cet esprit de concorde fraternelle, qui seuls peuvent produire pour l'Action catholique en Italie les fruits salutaires que Sa Sainteté en attend à bon droit, pour le bien de l'Eglise et de la Société civile.

Rome, le 27 janvier 1902.

Signé : M. Cardinal RAMPOLLA.

TABLE DES MATIÈRES

	Pages
Statut de l'Œuvre des Congrès et des Comités catholiques en Italie	5
Règlement du Comité général permanent	8
I. Constitution	8
II. Office de la présidence et du Comité général	9
III. Présidence des groupes	10
IV. Attributions et travaux	11
V. Réunions du Comité général	12
VI. Recettes et dépenses	13
Règlement pour les groupes et pour les sections permanentes.	14
Règlement des Comités régionaux	18
I. Constitution	18
II. Office de la présidence du Comité régional	20
III. Attributions et travaux	20
IV. Réunions du Comité régional	22
V. Recettes et dépenses	22
Règlement des Comités diocésains	24
I. Constitution	24
II. Office de la présidence	26
III. Attributions et travaux	26
IV. Réunions du Comité diocésain	28
V. Recettes et dépenses	29
Règlement des Comités paroissiaux	31
I. Constitution	31
II. Office de la présidence du Comité paroissial	33
III. Attributions et travaux	33
IV. Réunions du Comité paroissial	35
V. Recettes et dépenses	37

Règlement des sections-jeunes.................... 38
    I. But................................. 38
    II. Constitution...................... 38
    III. Dignitaires et Membres.......... 39
    IV. Section-Jeune centrale 41
    V. Réunions.......................... 42
    VI. Œuvres........................... 43
    VII. Recettes et dépenses............ 43

Dispositions communes aux règlements de l'Œuvre.................... 45

Appendice 46
    Avis généraux 46
    Programme d'action populaire ou démocratique chrétienne. 51
    Prières. Indulgences 60

Instruction de la Sacrée Congrégation des Affaires ecclésiastiques extraordinaires sur l'action populaire chrétienne ou démocratique chrétienne en Italie.................... 63

Lettre de S. Em. le cardinal Rampolla aux cardinaux italiens, portant communication des documents (27 janvier 1902).................... 77

Imprimerie P. Feron-Vrau, 3 et 5, rue Bayard, Paris, VIIIe.

IMPRIMERIE P. FERON-VRAU, 3 ET 5, RUE BAYARD, PARIS, VIII⁰